はじめに

はじめまして、ボディデザイナーの森俊憲です。私は日頃、株式会社ボディクエストの代表トレーナーとして、インターネットを使ったオンラインでの筋トレ指導（会員の自宅パーソナルトレーニング支援）を行っています。

「自分自身をよりカッコよく（きれいに）見せたい」という思いは現代人にとって非常に大きなテーマであり、それは会員の皆さんとの対話のなかからも感じています。しかし、ダイエットという引き算の考え方は、今、確実に古くなりつつあります。私たちボディクエストでは、忙しい皆さんでもスキマ時間を活かし、継続的に自宅で筋トレを行うことによって、ポジティブに「なりたい自分」に近づいていく、足し算の「ボディデザイン」の実現をお手伝いしています。これまで、およそ6千人名以上を個別指導し、多くの人から「筋トレを続けられるコツが身についてよかった」、「自分の体型や体力に自信がついた」というようなご感想をいただいています。

筋トレというと「ストイックで退屈」、「あまり長続きしない」というイメージが強いかもしれません。しかし、それは、キツいわりに、効果の低い運動を行ってしまい、「がんばっているのに、あまり手応えを感じられない」というのがおもな原因です。ところが、筋トレを上手に行うと、どのダイエット方法よりも、短い時間、少ない努力で理想の体型が手に入れられ、それを維持することができるということはあまり知られていません。

私はまわりの方々から、ときに「筋骨隆々でムダな肉がほとんどないですね！」、「自分も森さんのような体型になりたい！」などとご評価をいただくボディラインを、もう20年以上もキープしています。しかし、実際にやっている種目は、おもに「スクワット」、「ベンチプレス」、「チンニング（懸垂）」だけ。それも、1回1時間程度で、週2回の実施です（ただし、私の場合は、時間や頻度が少ない分、重めのウエイトを使った種目を選択しています）。たったこれだけの運動で、自分らしい理想の体型を維持できるのです。

本書は、これまで私が実際に行ってきた経験やボディクエストの会員の皆さまからお寄せいただいた声などをもとに、筋トレで理想の体型をつくるポイント、そして「筋トレを続ける技術」をまとめています。ぜひ、成功への最短ルートを見つけてください。

森 俊憲

努力は人を裏切りません！

◆K.Mさん（男性）◆年齢：33歳◆身長：174cm◆職業：会社員
◆身体の変化：体重70kg→61kg、体脂肪20%→11%、ウエスト80cm→70cm

食事制限で83kgから70kgまで体重を落としましたが、リバウンド予防のために筋トレを決意。1カ月程度で足に効果が出始め、2カ月を経過すると、腹筋にも凹凸ができてきました。半年経った今では、洋服のサイズがLLからMになり、職場の上司や同僚からは「どうしたらそうなるのか？」と質問攻めにあっています。努力は人を裏切りません！

〜筋トレ成功談〜

ここでは、私、森俊憲が代表を務めるボディクエスト（http://bodyquest.jp/）のプログラム受講者の声（開始〜6カ月経過時から抜粋）を紹介します。

どの方も自分の意思で筋トレを続けてくれました。

ほかのダイエットでは味わえなかった「成功」を実感！

◆M.Iさん（女性）◆年齢：34歳◆身長：159cm
◆身体の変化：体重62kg→57kg

開始から1〜2カ月で効果が出始め、半年ほど経過すると体重が5kg減って、とくに上半身が全体的に引き締まってきました。今までダイエットを行っても、「自分で成功した」と思えたことはなかったのですが、今回初めて自分でも「成功した」と思えたことが一番の収穫です。ほかのことに挑戦するときにも、この成功経験が自信になると思います。

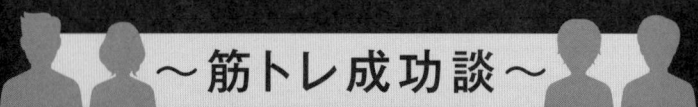

すべてのことに前向きになっています！

◆H.Sさん（男性）◆年齢：49歳 ◆身長：174.5cm ◆職業：歯科医師
◆身体の変化：体重82kg→68kg、体脂肪29%→17%、ウエスト88cm→74cm

筋トレを始めて2カ月をすぎると、体重が5kgほど減少し、見た目にも全体が引き締まり始めました。現在は「ここにこんな筋肉があるんだ」ということが見えるほど身体が絞れて、フットワークも軽くなりました。すべてのことに前向きになっています。患者さんからも「やせたねぇ」と声をかけていただき、皆さんとの距離が近くなりました。

筋トレを続ければ効果は必ず現れる！

女性社員からダイエットの方法を聞かれることも！

◆Y.Kさん（男性）◆年齢：47歳 ◆職業：会社員 ◆身長：174cm
◆身体の変化：体重82kg→66kg、体脂肪27%→13%、ウエスト94cm→78cm

きっかけは、数年前にちょっとした病気で半年間ほど運動ができなくなり、会社の健康診断でもメタボと診断されたこと。実施後、3カ月経過したあたりから身体の変化を感じ始め、半年がすぎるとお腹まわりがめちゃくちゃ細くなりました。家族からはほめられ、職場では女性社員からダイエットの方法をこっそり聞かれることも多くなりました（笑）。

「筋トレを続ける技術」
自宅で気軽に体脂肪燃焼！

CONTENTS

PROLOGUE

筋トレを続ける秘訣、教えます

PART 1

いつも三日坊主……なぜ筋トレは続けられないのか？

サン体型、オバサン体型を、放っておくことに決めるわけです。こういう人たちは、本書のように、「自分の体型をデザインしよう」などと呼びかける本には見向きもしません。そして、気に入らない自分の体型と、ずっと付き合っていくことになります。

この本を手にとった皆さんは、たぶん「自分の体型をなんとかしたい」と思い、今の自分を放っておけない人たちです。じつは、この気持ちがとても大切なのです。**「なんとかしたい」と思った人は、やり方さえ間違えなければ、体型を必ず変えることができます。**

善は急げ。まずは、自分の体型をどうしたいのか、イメージしてみましょう。

「とりあえず3kgくらい体重が落ちれば……」。

「まずは、このお腹を少し細くして……」。

「無理かもしれないけど、20代の体型に戻れば……」。

そんなところから考えるのが妥当だと思うかもしれません。

ところが、違うのです。こういう目標を立ててしまうと、たいていは理想の体型には近づけません。体重が3kg減った自分、お腹が少し細くなった自分、20代の頃の自分は、あなたにとって本当に輝くほど魅力的なのでしょうか。そこに真の魅力が感じられなければ、トレーニングを継続するのが難しくなってしまいます。

遠慮しないでください。あなたが目標にするのは、「自分史上最高の体型」でよいのです。これまでの自分を超える体型になることをイメージしましょう。「こんな体型になりたい！」というビジュアルイメージを持つことは、とても大切です。

筋トレで張りのある筋肉をつくっていきましょう。何歳からでも、筋肉を増やすことはできます。ジムでマシンを相手にしたり、重いバーベルを持ちあげる必要はありません。あなたの部屋で、道具も使わずに行う筋トレこそが、もっとも実行しやすく、だからこそ効果も絶大なのです。

筋肉ができてくれれば、余分な体脂肪はどんどん減っていきます。年齢や性別は問わず、誰にとっても自分史上最高の肉体をつくりあげることは決して難しくありません。実際、私が指導してきた多くの人たちが、自分にとっての理想の体型をつくりあげています。

希望通りの体型をつくりあげたあなたには、どんな明日が待っているのでしょうか。それもイメージしてください。家族は驚き、「すごい！」といってくれます。職場でも話題になりそうですね。友達や恋人はなんといってくれるでしょうか。

「体型づくりのために筋トレを始めてみよう」と決意した人たちには、明るい未来が待っています。

いつまで学生時代の「腹筋」を引きずるの？

なかには、これまでにも、筋トレをやったことがある人もいらっしゃるでしょう。ところが、筋トレを継続し、きちんと成果が得られたことがあるのは極めて少数派なはずです。多くの人が、いつのまにかあきらめてしまいます。「やってみたいけれど、長続きしないんだよな」というのが、ごく一般的な筋トレに対するイメージなのではないでしょうか。

では、どうして長続きしないのでしょうか。

理由は簡単。けっこうキツイことをやっているのに、なかなか成果が現れないからです。だとしたら、対策ははっきりしています。**自分の体力や目的に合わせ、まずは無理のない負荷設定での筋トレを行い、現れてきた身体の変化にいち早く気づくことです。**

筋トレというと、学生時代にやったことがある「腕立て伏せ20回、腹筋運動20回」程度しか知らず、それを再開してしまう人がいます。でも、ふだん筋トレをしていなかった人にとって、これはキツイし、残念ながら非常に効率が悪いのです。本書ですすめるのは、**一人ひとりの体力レベルや、なりたい体型に合わせた筋トレ。筋力が弱ければ、それに合わせた強度から始めることです**。

そして、筋トレを始めたら、自分に鈍感ではいけません。小さなことでもよいので、「筋トレをする→身体が変化する」という成功体験をつかむことが大切です。やっただけのことはあったという実感が、モチベーションを維持する鍵になります。十分に筋肉がつき、余分な体脂肪が落ちて理想的な体型が完成するのは、数カ月後になるかもしれませんが、それまでの期間も身体はどんどん変化していきます。**その変化に敏感になることが、筋トレを継続するために、とても重要なのです**。

ちょっとした変化といえば、たとえば筋トレをした直後の筋肉の張り。身体を鏡に写しても、まだ大きな変化は現れていないかもしれませんが、実際に筋トレを行ったあなただけは、いつもとは違った筋肉の張りを感じることができるでしょう。翌日のほどよい筋肉痛も筋トレによる身体の変化です。寝つきや目覚めがよくなる人もいますし、身体が軽く

PART 5

5分からでOK! 実践プログラム

PART 2

だから続けられる！ 圧倒的な理由

PART 6 理想のボディラインをゲット！ 成功体験記

PART 7 自分をあきらめさせない！ モチベーション維持の秘策

PART 8 普段の生活にひと工夫！ かんたん体脂肪燃焼術

PROLOGUE

筋トレを続ける秘訣、教えます

「とりあえずマイナス3kg」では続かない！

今の自分の体型に完全に満足している。――なんていう人は、じつはほとんどいません。誰もが、自分の体型になんらかの不満を抱いているものなのです。自分の体型に関する質問は、普段、私が講演やセミナーを行う際、皆さんに必ず最初に聞いていますので、サンプル数の面でも十分な統計データだといえます。さて、あなたが気になっているのは、ポッコリ出てきたお腹でしょうか？　それとも、ベルトにのった脇腹の贅肉？　なんとなく緩んだ感じの身体のラインが気になっている人もいるでしょう。

このままでよいとは思わないけれど、「まあいいや……」と考えてしまう人が多いようです。たとえば、こんな具合です。

「このくらいの体型の人、いくらでもいるよね」。

「30代になったら、まあしょうがないか」。

「お腹まわりは気になるけれど、肥満とまではいかないし」。

気になっている体型をなんとかしようとせず、自分にそんなことを言い聞かせて、オジなったという意見もよく聞きます。肩や背中のコリが解消することもあるようです。ぜひ、そんな身体からのシグナルを敏感に感じとってください。

また、鏡に写して自分の身体を見るようにすることも、筋トレを続けるのに役立ちます。自分の体型に不満を持つようになった人は、たいてい自分の身体を見なくなります。目をそむけてしまうのです。しかし、見なければ変化に気づきませんし、見ていれば、きっとわかります。たとえ体重が変わらなくても、身体のラインは着実に変わっていきます。あなたの目は、体重計なんかよりずっと敏感なのだと信じてください。

「努力対効果」を最大に。いわば「ちゃっかりトレーニング」

「筋トレはキツくて、つまらない」。そんなイメージは捨て去ってしまいましょう。

「筋トレは苦しいほど、効果も大きい」。そんな偏見にとらわれていると、実際にはなかなか効果は得られません。

私が指導しているトレーニングは「努力対効果」を追求しています。これは、経済分野の費用対効果にならった考え方で、**できるだけ少ない努力で、大きな効果を得ようというものです**。「ちゃっかりトレーニング」といってもいいかもしれません。とっぴなことをいっているように思えるかもしれませんが、じつは、これはトレーニングの王道です。オリンピックで活躍する一流のアスリートだって、トレーニングの効率を追い求めています。一流アスリートは限界まで努力しますが、ライバルに勝つためには、同じように努力したライバルより、少しでも大きな効果を得る必要があるからです。したがって、「努力対効果」が高いトレーニングは、確かな理論や客観的な実証性に裏打ちされたものになります。思いつきのトレーニングでは、努力のわりに大きな効果は得られません。

自己流の筋トレは、努力対効果の低いトレーニングになりがちです。「毎日、腕立て伏せ、腹筋運動、スクワットを限界までやる」などという人がいますが、これが典型的な例といえます。大切なのは、やみくもに努力をすることではなく、着実にあなたの目指す体型をつくりあげることです。できることなら、ちゃっかりその目標を手に入れたほうがよいと思いませんか。本書を読んで、きちんと実践すれば、それは十分に可能なのです。

PART 1

いつも三日坊主……
なぜ筋トレは続けられないのか？

01 筋肉からの「効果シグナル」を見落とすな

筋トレの効果がはっきりした形となって現れてくるのには、それなりの期間がかかります。筋肉組織の新陳代謝＝ターンオーバーにはおよそ3カ月かかるとされているので、少なくても、それくらいはかかると想定しなければいけません。

でも、よく考えてください。自分の体型をデザインしなおそうとしているのですから、ある程度の時間がかかるのは当たり前です。1週間で理想の体型になれるはずがありません。ビジネスの世界でも、大きなプロジェクトを成し遂げようということになれば、それなりの時間がかかります。筋トレによる体型づくりも同じ。「ある程度時間がかかるのはしかたがない」と覚悟を決めましょう。成果を一瞬の効果で終わらせない、リバウンドしない本物の効果を得るという観点でも、この考え方は不可欠です。

ただ、**筋トレを行ったことによる小さな変化は、もっとずっと早い時期に現れてきます。それを見落としている人がとても多いのです。**ですから、私は「初期効果」を鋭く実感することが大事だと思っています。

たとえば、体重を減らすことばかりに意識が集中している人は、体脂肪が減り、筋肉が増えていても、その変化に気づかなかったりします。体重ばかり気にするのではなく、鏡に自分の身体を写して眺めてください。たとえ体重が変わっていなくても、身体のラインが微妙に変わっているのに気づくはずです。その変化、すなわち「初期効果」が感じられれば、筋トレを続けようと意欲的になれるでしょう。

さらに、外見に効果が現れる前に、筋トレ自体の内容に変化が現れてきます。たとえば、ある運動を5回しか繰り返せなかったのが、7回できるようになり、10回できるようになる。1セットしかできなかったのが、2セットできるようになる。こうした変化は、筋トレをしたからこそ現れてきたものです。「効果シグナル」を見落とさないでください。

まだ筋肉がついたように見えなくても、脂肪が減ったように見えなくても、あなたの身体には確実に変化が起きています。キツくて規定回数をできなかった運動がこなせるようになり、少しずつでもセット数をより多くできるようになれば、筋トレの効果は加速度的に大きくなっていきます。そこまでがんばってみましょう。

02 「忙しい」と思考を停止していませんか？

「仕事が忙しいのでジムに行く時間がない……」。
「帰りが遅くてランニングの時間を確保できない……」。

こういう話をよく耳にします。確かにジムでトレーニングするには、行き帰りの時間、着替えやシャワーの時間などが必要ですし、営業時間も決まっています。ランニングは、走ること自体にまとまった時間が必要ですし、前後の着替えやシャワーを含めると、かなりの時間になってしまいます。でも、ここで思考を止めてしまう人が多いのはとても残念。

忙しいと本当に筋トレはできないのでしょうか。

厳しい言い方をすると、「時間がない」というのは言い訳にすぎないと思います。実際に私自身もそうでした。私がサラリーマンだった頃、「時間がないからジムに行きたくても行けない」、「走りたくても走れない」と考えていたときがありました。でも、あるとき発想を変えて、「それならば、時間がなくてもできる効率的なトレーニングをすればよいんだ」と考え方を切り替えました。それで私がたどり着いたのが、**道具なしで、どこでもできる、しかも短時間で効果が出るトレーニング、すなわち自重（自分の体重）を使った筋トレでした。**

たとえば、95ページで紹介している「アブアイソメトリック」という種目をご覧ください。このトレーニングにかかる時間はたった30秒です。いくら忙しい人でも、家に帰ってご飯を食べて、お風呂に入って、すぐに寝るかといえば、そんなことないですよね。テレビを見る時間はきっとあるでしょう。だとしたら、筋トレを1時間のテレビ番組のなかに入る、3〜4回のCMの間にやればよいわけです。

「つまり、スキマ時間をうまく見つけて、ライフスタイルを大きく変えることなく、生活習慣に軽く組み込める程度のことをやっていけばよいのです。それならできる気がしてきませんか。

私自身も、サラリーマン時代は忙しい生活を送ってきましたが、それでも続けることができました。まずはわずかでも、忙しい状況にあったことを始めてみましょう。続けることができれば、きっと効果は出るはずです。

03 筋トレはめんどくさい！　私もそう思います

「筋トレはめんどくさい！」という意見を頭から否定するつもりはありません。トレーナーである私でも、筋トレはめんどくさいですし、楽しくはありません。だって、筋トレには、テニスのようなゲーム性もなければ、サッカーのようなチームでプレーする喜びもありませんから。でも、私は筋トレを続けています。なぜなら、これほど効率的に体型をデザインする方法はほかにないからです。やったらやったぶんだけ効果が得られるので、それに対して「楽しい」と感じるのです。

本書で紹介している筋トレの目的は、体型をデザインし、自分の望む身体をつくりあげることです。「こういう体型にしたい」という希望を持ち、そこに向かってトレーニングしていると、身体が変化してきたときに喜びを感じます。「ヒップアップして足が長く見えるようになる」、「胸の厚さが増してスーツが似合うようになる」。このような変化が現れてくれれば、誰でもうれしいし、トレーニングが楽しくなってきます。**努力に対して、そ**

れに見合った好ましい結果が現られれば、それを「楽しい」と感じることができるのです。

そこで、筋トレを始めるときには、最初からがんばりすぎないようにします。すごくがんばったのに効果があまり大きくないと、筋トレが楽しく感じられないからです。筋トレを開始するときは、無理のない種目を選んだり、無理のないやり方を選択するのがポイント。たとえば、「アブアイソメトリック（95ページ）」は、最初はヒザをついて行ってもよいですし、回数をできる範囲に設定してもＯＫです。それですぐに筋肉がついたり、体脂肪が減ることはありません。でも、これまでできなかったことが、どんどんできるようになってきます。たとえば、10回できなかったプッシュアップが10回できるようになったり、ヒザをつかずにアブアイソメトリックを30秒できるようになったりします。努力に対して、それに見合った好ましい結果が現れてくるのです。欲張らずに、段階を踏んで徐々に回数や秒数を増やしていけば、「達成する楽しさ」をずっと得ることができます。

さらに、筋トレ好きの人たちにとっては、トレーニング直後の筋肉の張りや、翌日のほどよい筋肉痛も、楽しみの一つ。それらは、あなたの身体が変わっていくことを証明するサインのようなものなのです。大いに楽しんでください。

04 自宅トレなら、うまくできなくても恥ずかしくない

はっきりいえることですが、筋トレに特別な運動神経は必要ありません。やってみればわかります。いわゆる運動神経の問題で、できないということはないはずです。最初はぎごちなく感じても、繰り返しているうちに、力を入れるポイントがわかってきます。

そして、正しくやりさえすれば、筋トレは必ず成果に結びつきます。筋肉が引き締まって、緩んだ身体のラインが変わってきますし、それにともなって、余分な体脂肪も減ってくるでしょう。運動神経に自身がない人だって、スポーツが得意な人たちと同じように、カッコいい身体をつくりあげることができるのです。

運動が苦手な人や、体力に自信がない人のなかには、人前でトレーニングするのが嫌な人がいるかもしれません。しかし、自分の部屋で行うトレーニングなら、そんなことも気になりません。**人目を気にせず気楽にトレーニングを始めてください。**

体力に関しては、自分のレベルに合わせたトレーニングを行えばよいだけ。筋力が弱い

人なら、現在の自分ができる種目を、できる範囲で行います。「レッグレイズ（99ページ）」は片足で行えばよいし、「プッシュ&ターン（102ページ）」が10回できなければ、5回から始めてみましょう。どうしてもできない種目があったら、それは筋力がついてから行うことにして、できる種目から始めればよいのです。

このように、自分の体力レベルに合わせたトレーニングを行うことは、筋トレでは非常に大切です。中学や高校の部活動で、「腕立て伏せ20回！」というように、同じ種目をいっせいに行った経験を持つ人は多いと思います。こういった方法でトレーニングを行うと、ある人にとっては軽すぎ、ある人にとっては重すぎるトレーニングになってしまいます。筋トレの効果という点から考えると、きわめて効率の悪い方法といえます。

本書がすすめる筋トレは、一人ひとりの体力に合わせて、オーダーメイドのように組み立てることができます。だからどんな体力の人でも無理なく行えるし、すべての人が効率よく成果を得られます。トレーニングで筋肉に刺激を加えると、高齢者でも筋繊維が太くなり、筋力が高まることがわかっています。逆に体力が自信がないことを理由に行わなければ、体力は下降線を描いていくだけ……。そんな悪循環は断ち切ってしまいましょう。

05 なぜ「5kg落としたい」では続かないのか？

モチベーションを維持できない最大の原因は、間違った目標設定にあります。

その典型が、「まず体重を5kg落そう」、「とりあえず、お腹の脂肪を減らそう」というような目標設定です。「現在の自分は太りすぎている」、「カッコいい体型になりたいけれど、それにはまずお腹の脂肪を減らしてやせなければ」と考えてしまうわけです。こうした「引き算思考」で始めると、実施段階の楽しさに欠けますし、あわせて少々無理な食事制限なども行いたくなります。それで多少体重が減ることはあるでしょうが、残念ながら本当に目指していた、ハツラツとしたカッコいい体型にはなれません。2〜3週間もするとモチベーションが維持できなくなり、リバウンド……。これがよくあるパターンです。

もう一つ、モチベーションを維持できなくなるのは、行動予定を目標にしてしまうパターン。たとえば、「月・水・金は仕事から帰ったら筋トレをする」といった目標を立ててしまう人がいます。ところが、行動予定というのは不確かなもので、仕事の状況によっても変わるし、突発的な用事が入ってしまうこともあります。そのため、なかなか予定通りに進まず、モチベーションがさがってしまうことにつながりやすいのです。

モチベーションを維持するのに大切なのは、あなたを筋トレに駆り立てる真の動機を目標にすることです。「体重を5kg落したい」、「お腹の脂肪を減らしたい」ではなく、「そうなることでなにを得たいのか」が大切なのです。心の奥から湧き出てくる真の動機を見つけ、それを目標に設定しましょう。

「スリムな洋服を着こなせるようになりたい」、「子どもとプールに行ったときにカッコいいパパでいたい」、「ビジネスの場で体型に引け目を感じていたくない」、「女の子にモテたい」、「恋人を驚かせたい」……。そんな真の動機を、そのまま目標に掲げてください。

さらに、「引き算思考」ではなく「足し算思考」でアプローチすることも大切です。たとえば、「まずお腹の脂肪を減らそう」と考えるのではなく、「まず胸板を厚くしよう」と考えてみます。それだけで、ワクワク感が生じ、筋トレが魅力的に思えてくるはずです。

実際、お腹の脂肪が残っていても、胸板が厚みを増せば、身体は魅力的に見えるようになります。その前向きな考え方が、やる気を持続させてくれるのです。

06 加齢を言い訳にしない！　何歳からでも筋肉はつく

年齢と筋肉に関しては、多くの人が誤解しています。「若い人はトレーニングすれば筋肉がつくけれど、中年にさしかかったら筋肉がつきづらくなる」とか、「40代になったら若々しい張りのある筋肉なんてとうてい無理だろう」などと思っているようです。しかし、実際はそんなことはありません。

たとえばボディビルの世界では、40代のチャンピオンも多く、50代でトップレベルを維持しているボディビルダーも珍しくはありません。プロ野球でも、最近は40歳以上の現役選手が増えていますが、皆さん、すばらしいプロポーションをしています。「彼らは専門のトレーニングをしているから……」と思うのであれば、まわりの同年代の人をあらためて観察してみてください。なかには、きっと均整のとれた体型を維持している人もいることでしょう。**筋肉をつけるのに年齢の限界はありませんし、じつをいえば、60歳を超えてもトレーニングさえすれば筋肉をつけることはできるのです。**

一方、トレーニングを行わなければ、筋肉は加齢とともに、少しずつ、しかし確実に衰えていきます。中年期になると、張りのない緩んだ身体になってしまう人が多いのは、筋肉が落ちていくのを放置してしまうためです。

筋肉というのは非常に単純で、トレーニングという刺激を加え、十分な栄養と適切な休養を与えさえすれば、必ず「超回復（72ページ）」という現象を起こします。それを繰り返していれば、間違いなく筋線維は太くなり、張りのある筋肉がつくられるのです。

とはいえ、「中年になって筋トレをやってみたけれど、筋肉がつきづらいような気がした」という人がいるのも事実です。若い頃と違って身体にたっぷり脂肪がついていると、筋肉がついてもわかりにくいということもありますが、その最大の原因は、「中年になったらそんなものだろう」という思い込みなのではないでしょうか。最初からあきらめていては、どこか筋トレに集中できない部分もあるでしょうし……。

筋トレを始めるのに遅すぎるということはありません。「こうありたい」という希望の体型をつくりあげていくことは、何歳からでも実現することができます。あきらめずに、若々しい張りのある身体を自分のものにしてください。

07 仕事、飲み会、旅行……やる気にならなければ休んでOK

日常生活のリズムはいつも一定とは限りません。「仕事が繁忙期になると続かないかも」、「飲み会が多くて、やれない日が出てきそう」、「家族や友人との予定も大事にしたい」。そして、「結局、始めても無駄だよ……」という結論に行きつき、ネガティブになってしまう人もいるでしょう。

確かに、「今日はどうしてもやる気になれない……」という日があるのも事実です。そんなときは、**無理をしないで休むのが続けるためのコツ**。1～2日、筋トレができなかったからといって、大きな影響がでるわけではありません。仕事で本当にグッタリしているのなら、休んだってよいのです。余裕があるときにやりましょう。

まったく筋トレを行わないことに不安を感じるようであれば、無理のない範囲で行うという選択肢もあります。行うトレーニングの数を絞ったり、いつもより少ないセット数で行うというわけです。

08 仕事の疲れと、筋トレの疲れは違う

仕事で疲れて帰宅したら、「筋トレなんかやるのは無理だ」と考える人がいます。

確かに仕事をすれば疲労しますし、筋トレでもやはり疲労します。しかし、多くの人にとって、**仕事による疲労と、筋トレによる疲労は、同じ種類の疲労ではありません。**

筋トレによる疲れは単純なもので、筋肉を使うことで生じます。筋肉が繰り返し大きな力を発揮することで、筋肉が疲労するのです。それに対し、仕事の疲れは非常に複雑で、多くの場合、精神的な要因が深く関係しています。たとえば、職場の複雑な人間関係に悩まされたり、営業職ならノルマの達成を求められたり……。

このように疲労の種類が違うのだから、たとえ仕事で疲れていても、筋トレができないわけではありません。むしろ、筋トレを行うことで、心身がリラックスし、全身の血流はよくなります。それが、仕事による疲労を解消するのに役立つともいえます。仕事で「疲れたな」と感じたときこそ、リフレッシュのために筋トレをしてみてはいかがでしょう。

09 これだけでOK！　シンプルなメニューほど続く

やろうとする筋トレの数が多すぎるのも、長く続けられない原因の一つです。とくに初めの頃は、**種目数が多くなりすぎないようにし、3～4種目程度に絞り込んだほうがよいのです。**「これだけでOK！」と、思えたほうが気分も楽でしょうし、そのほうがやり方のコツをつかみやすく、正しいフォームが身に付きやすいというメリットもあります。

そのためには目的も絞り込みましょう。たとえば、「胸板を厚くして、お腹も凹ませて、夏までに5kgやせたい！」と欲張りすぎるのはNG。それこそ、筋トレの種類が多くなり、多くの場合、長続きしません。まずは「お腹を凹ませる」と目的を絞り、それに合わせてシンプルなメニューをやってみましょう。本書のパート5（109ページ～）では、具体的なコースを紹介しているので、そちらもご覧ください。

トレーニングに慣れてきたら、種目を増やしたり、レベルをあげていきます。試行錯誤しているうちに、自分にとっての理想的なトレーニングの組み合わせが見つかるでしょう。

PART 2

だから続けられる！　圧倒的な理由

01 2日に1回、自宅でOK！無駄な努力よ、さようなら

スポーツの練習では、ペナルティとして筋トレが利用されることもあります。「シュートをはずしたら腕立て伏せ20回！」とか、「エラーしたらスクワット30回！」などというやつです。

そのような経験をしてきた人は、たいてい筋トレのことを嫌いになってしまいます。「筋トレはやらされるもので、つらいだけだ」と刷り込まれてしまうからです。

しかし、理想の体型を実現するために筋トレを行う人にとって、筋トレはつらいだけのものではありません。なぜなら、**機能的で見た目にも美しい、張りのある筋肉をつくり、狙い通りの体型を手に入れることができるからです**。そのような対価が得られるのであれば、むしろ自らやりたくなるものですし、決してつらいだけという思いや無駄というとらえ方にはならないはずです。

そもそも、本書ですすめる筋トレはつらいものではありません。**基本的に2日に1回、**

時間は最短5分で、だいたいは20分程度。厳密なものではありませんが、1日おきくらいにやっていれば、十分に効果が現れてくると考えてください。

筋トレによって筋肉が太く（強く）なるのは「超回復（72ページ）」という現象のため。簡単にいうと筋肉が自然修復する能力を利用するわけですが、そのためにはある程度の時間が必要です。軽い筋トレなら、1日で回復するので、毎日でもトレーニングを行えます。しかし、その人にとってやや強めの負荷を加えた場合には、十分に筋肉を修復させるために、2日に1回程度のトレーニングが最適なのです。

また、**自宅の室内でできる**ことも特徴の一つです。自宅ですから、ジムにそろっているようなマシンはもちろん、バーベルもダンベルも使いません。特別な道具を使わずに行うことができます。

しかし、効果的な筋トレを行うためには、筋肉に適切な負荷をかける必要があります。そのためになにを使うのかといえば、自分の体重です。体重と重力をうまく利用して、強化したい筋肉に負荷をかけます。これを「自重トレーニング」といいます。単に自分の体重を使うのでは、負荷の大きさを変えられないと思うかもしれませんが、そんなことはありません。身体の角度や動作の深さを変えることなどによって、自分にちょうどよい、**必要十分な負荷でトレーニングすることが可能なのです。**

では、自宅で行うことができ、特別な道具がいらない筋トレには、どんなメリットがあるのでしょうか。

最大の利点は、時間が無駄にならないことです。ジムでトレーニングするには、いくら駅前の便利なジムだとしても、それなりの時間がかかります。行き帰りの時間に加え、受け付けをしたり、ロッカールームで着替えたりといった時間が必要です。場合によっては、マシンがあくのを待つこともあるでしょう。その点、自宅で行うなら、そういった時間がほとんどゼロですみます。特別に着替える必要がなければ、わざわざ出かける手間もいりません。

また、**いつでもできるのも、大きなメリットといえます**。ジムでトレーニングをすることができるのは、その営業時間内に限られてしまいますが、自宅でのトレーニングなら、早朝だろうと深夜だろうと、いつだって構いません。自分が「さぁ筋トレをやろう」と思ったときに、いつでも始めることができます。テレビを見ながらやることだって可能です。

さらに、出張でホテルに宿泊しているようなときでも、この方法ならまったく問題ありません。

こう考えてみると、ジムでのトレーニングにくらべ、**自宅での筋トレは、圧倒的に継続しやすいといえます**。ジムに週3回通える人は、それでもよいでしょうが、それが難しいというのであれば、ぜひこの方法を。

私は、普段、インターネットを使った筋トレ指導を仕事としていますが、そのサービスでは一人ひとりの目標や体力レベルに合わせて私がトレーニングメニューを作成し、具体的なやり方は、動画解説を観てマスターしてもらいます。筋トレはそれぞれが自宅で行い、進捗に合わせて継続的に応援指導メールを届けています。まさに自宅で筋トレを行うのですが、この方法で、すでに多くの人がそれぞれの望む体型をつくりあげています。

そういう意味で「自宅で行う筋トレは効果が低い」という考えは、明らかに間違っているのです。

筋トレは継続しなければ意味がありません。自宅での筋トレは、続けられるからこそ、大きな効果が期待できるのです。

02 効率を求めてたどり着いたのが「ちゃっかりトレーニング」だった

私の職業はボディデザイナーで、オンライン上での筋トレ指導を行っています。環境は違いますが、いわゆるジムのパーソナルトレーナーに似た業種ということになります。ただ、私の経歴は、一般的なジムのトレーナーとはちょっと違っていて、大学卒業後、10年以上サラリーマンをしていました。

私は高校までは、あまり筋トレに関心がありませんでした。それが、大学時代に雑誌に掲載されていた、日本体育大学のライフセービング部の監督（当時）の「人は鍛えれば鍛えるほど強くなれる。そして、強くなればなるほど優しくなれる」という言葉に感銘を受け、筋トレによる体型づくりに取り組むようになったのです。それ以来、大学時代は熱心に筋トレをしました。そして、大学卒業後に電子機器の企業に就職したのですが、その仕事は激務そのもの。朝7時前に会社の寮を出て、帰りは終電という日々が続きました。ジムに行く時間はまったくなく、「それなら自分で道具を使わずにできる運動を考えるしかない」と試行錯誤の日々が始まったのです。

その結果、たどりついたのが、自宅で行う、「努力対効果」あるいは「時間対効果」を追求した筋トレでした。**筋トレに費やす努力（あるいは時間）に対して、どれだけの成果が得られるかを重視するようになったのです。**

そうして手に入れたのが、今では周囲の人から筋骨隆々といわれる身体。この成功体験を多くの人と共有したいと思い、サラリーマンをやめて、今の職業を選びました。インターネットを通じた筋トレ指導というサービスが受け入れられ、軌道にのるまで少し時間はかかりましたが、おかげさまで今では多くのお客様から高い評価をいただいています。なかでも、多いのが「今までダイエットが長続きしたことがなかったけれど、この方法で初めて続けられた」という意見です。

長続きしない理由は、たくさんあります。

たとえば「大好きなビールを控えようと思ったけれど、会社の同僚に誘われると断れなくて……」、「食事で食べる量を減らしたけれど、我慢が続かず、結局以前よりも太ってしまった」という食事制限に関することがあれば、「〇〇式ダイエットの本を買ってやってみたけれど、それほど効果がなかった」という意見もあります。

そして、運動については、次のようなケースをよく耳にします。

「手軽にできる運動ということでランニングを始めたけれど、目標の10㎞を走るのには1時間半以上かかるうえに、夏は暑い、冬は寒いで、手軽でないことに気がついた……」。

「腕立て伏せ、腹筋運動、背筋運動、スクワットという学生時代にやった筋トレを毎日100回やろうと決心したけれど、面倒になって、いつのまにかやめてしまっていた……」。

「この体型ではダメだと思い、一念発起してジムに入会したけれど、化粧を整えて、家から車で15分のところに行くこと自体が億劫になってしまった……」。

たとえ大きな成果が得られるトレーニングでも、多大な努力が必要となる、あるいは時間が長くかかるというのでは、続けることは難しいということでしょう。精神修行ならともかく、体型づくりのためには、無駄の多いトレーニングをすべきではないと私は思っています。多くの人にとって、つらいトレーニングはなかなか続けられるものではありませんし、1日のうちでトレーニングに費やせる時間はそんなに長くないからです。

目指してほしいのは、「努力対効果」や「時間対効果」が高い、効率のよいトレーニング。簡単にいえば、**ちょっとの努力で、あるいは短い時間行うだけで、大きな成果が得られるトレーニング**です。私は「ちゃっかりトレーニング」と呼んでいます。つまり、それほど苦労せず、ちゃっかり結果を出そうということなのです。

具体的なやり方についてはパート４（75ページ〜）で紹介しますが、本書でおすすめする筋トレの種目は、私の試行錯誤の結果、最良のものとして選んだものです。どれも「努力対効果」が高いものばかり。なかには効率を高めるために、複合的な動きを取り入れているものがあるのも特徴の一つで、たとえば「プッシュ＆ターン（１０２ページ）」は従来の腕立て伏せに反転動作を加えることにより、体幹を鍛えることにも役立ちます。複合的とはいえ、動き自体はいたって簡単なのでご安心を。運動神経や筋力に関係なく、どなたでも気軽にできる種目ばかりを紹介しています。

また、本書では、１回で行う種目数（パート５／１０９ページ〜）は、できるだけ数を減らして4種目を基本としました。

手軽にでき、しっかりと効果を得られる、この「ちゃっかりトレーニング」で、理想の体型への最短コースを進みましょう。

03 見た目が9割!? 続けるコツは目標の立て方

体型づくりのために筋トレを始めるとき、一般的には「体重を5kg減らそう」、「絶対に10kgやせる!」というような目標を立ててしまいがちです。しかし、こうした目標の立て方には大きな問題があります。目標を達成し、5kg、10kgの減量に成功したとしても、自分が満足できる体型になっているとは限らないからです。

「体重が5kg減ったけど、緩んだ身体のラインはちっとも変わらない……」、「10kgやせたけれど、ゲッソリしただけでカッコよくないし、魅力的でもない……」。そのような結果に終わる可能性が高いのです。

そもそも体重というのは、身体の状態を表す指標の一つにしかすぎません。たとえば、身長が170cmで体重が80kgだとしても、「あー、太っていてだらしない感じだな」という人もいれば、「ガッチリしていて、男らしくカッコいいね」という人もいます。

そして、周囲の人たちは、あなたの身体を体重で評価しているわけではありません。あなたが体重にこだわり、「２kg太った」、「５kgも減った」と一喜一憂していても、他人は数値ではなく、見た目で評価します。

大切なのは、**ただ体重を減らすことではなく、カッコいい身体、健康的で若々しい身体、魅力的な身体を手に入れることです**。これから体型づくりを始めようという人は、まず体重計の呪縛から逃れてください。

それに、単に体重を減らすことを目標にした場合、体脂肪を減らすだけでなく、筋肉を減らしてしまうことがよくあります。筋肉の量は、とくにトレーニングを行わなければ、20代の半ばをピークとして、毎年一定の割合で減り続けます。この筋肉の減少が、いかにも中年らしい身体の緩みを生み出すことになります。体重を減らすときに、筋肉まで減らしてしまうと、オジサン体型、オバサン体型を、さらに進めてしまう可能性があるのです。

身体の若々しさを取り戻すためには、年々減少していく筋肉を増やし、若い頃の状態に戻す必要があります。筋肉がしっかりしてくると、張りのある若々しい体つきになります。

しかし、筋肉が増えるため、体重が減るとは限りません。体重はあまり変わらないけれど、体つきがすっかり若返るということは、いくらでも起こり得るのです。

身体の状態を表す指標としてＢＭＩ（ボディ・マス・インデックス）が使われることがあります。ＢＭＩは、身長と体重から、次の計算式で求めることができます。

「ＢＭＩ＝体重kg÷（身長ｍ×身長ｍ）」。

日本肥満学会は、ＢＭＩ22を「標準体重」、ＢＭＩ25以上を「肥満」、18・5未満を「低体重」としています。これは、膨大な人数を対象とした調査で、ＢＭＩ22くらいが「もっとも病気になりにくく長生きしやすい」、ＢＭＩ25以上になると「生活習慣病が増えて死亡率が高まる」、ＢＭＩ18・5未満でもやはり「死亡率が高まる」というデータが出ていて、そこから導き出された評価です。

しかし、多くの人の平均値をとると、そういう傾向が見られたとしても、一人ひとりの身体はみんな違っています。ＢＭＩ22といっても、筋肉が少なく体脂肪だらけの人もいれば、しっかりと筋肉がついている人もいます。その場合、同じＢＭＩ22でも、見た目はまったく異なっているわけです。

私自身、自分のＢＭＩを計算してみると、ぎりぎり肥満になってしまいます。筋肉を充実させ、体脂肪をそぎ落とした身体でも、多くの人たちから導き出したデータに当てはめると、そういう評価になってしまうわけです。

筋トレを始めるときの目標は、体重を減らすことでも、ＢＭＩの値をさげることでもなく、あくまで見た目でなければいけません。たとえば、「たるんでしまったお腹をすっきりさせて、水着になっても恥ずかしくないスタイルになる」といった**具体的なビジュアルイメージを描き、それを目指してトレーニングしたほうがよいのです**。

そして、さらに大切なのは、**筋トレ自体が楽しみに変わるような、真の目標を明確にしておくことです**。自分が望んでいる身体をつくりあげることができたとき、あなたにはどんな楽しいことがおとずれるでしょうか。具体的にイメージしてください。

「細身の洋服を着てさっそうと歩く」、「同窓会で”若いね！“と驚かれる」、「家族や職場の仲間に賞賛される」、「健康診断の検査値が”異常なし“になる」、「ゴルフの飛距離が伸びる」、「恋人ができる」。

いくらでもありますね。

素敵な未来を思い描くことができれば、やる気が出てきます。なんとかそれを実現させたいという気持ちが、筋トレを行うモチベーションになるのです。

04 食べたいものはガンガン食べてOK

私自身は、食事に関してまったく制限をしていません。以前から、食べたいものがあれば、食べたいだけ食べるようにしています。摂取エネルギーがかなり高くなることはありますが、あまり気にしません。それでも体型は維持できています。

理想の体型を目指し始めると、すぐに食事制限をしてしまう人がいます。「体重を5kg減らそう」などと、「引き算思考」でものごとを考える人ほど、食事制限に走りやすいといえます。確かに体重を減らすだけなら、食事制限が手っ取り早いのは事実です。

しかし、筋トレを行わず、食事を制限することで体重を減らした人の身体では、筋肉が減るという現象が起きてしまいます。本当に減らしたいのは体脂肪で、筋肉はむしろ増やしたほうがよいのに、残念ながらそうなりません。食事制限で筋肉の材料となるタンパク質などの栄養素が不足し、筋トレによる筋肉への刺激も加わらないと、筋肉はどんどん減ってしまうのです。

筋肉が減った身体は、筋肉の張りが失われるため、老けて見えるようになります。いわゆるオジサン体型、オバサン体型に見える原因を想像してみてください。それは筋肉が減るのに加え、余分な体脂肪がつくことでつくられます。したがって、**食事制限は、この中年期特有の体型を改善することにはつながらないのです**。

さらに、食事制限をして体重を落とした場合には、その先にリバウンドが待っています。食事制限というのは、誰にとっても楽しいことではないので、一時的にがんばれたとしても、それを継続していくのは非常に困難ですから……。

また、食事制限でつくりあげた「体脂肪が多く、筋肉が減った身体」は、筋肉がしっかりついた身体にくらべ、太りやすいという特徴を持っています。同じエネルギー量の食事をしても、筋肉の少ない身体のほうが、明らかに太りやすいのです。これも、食事制限で体重を落とした人に、リバウンドが起きやすい大きな理由となっています。

筋肉が多い人は太りにくく、筋肉が少ない人は太りやすい。体型を改善するためには、この大原則を頭にたたき込んでおいてください。

人間の身体は、じっとしているときでも、眠っているときでも、エネルギーを消費しています。体温を維持するためにもエネルギーが必要ですし、脳や心臓や肺などの臓器が働くためにもエネルギーが使われます。このように生命を維持するためにエネルギーが使われることを「基礎代謝」といいます。

そして、筋肉が多い人ほど基礎代謝は高くなり、筋肉が少ない人ほど基礎代謝は低くなります。そのため、同じエネルギー量の食事を摂ったとしても、筋肉が多い人は、基礎代謝で消費されるエネルギー量が多いため、太りにくいのです。逆に、筋肉が少ない人は、基礎代謝で消費されるエネルギー量が少ないため、太りやすくなります。

中年期になると、若い頃と同じ食事をしていても、身体に余分な脂肪がつきやすくなります。その大きな原因の一つは、とくに運動をしていないと、20代の半ばをピークとして、1年に約1％前後ずつ筋肉が減ってくるためです。それにともなって基礎代謝も減ってしまうため、若い頃と同じように食べていると、どんどん太ってしまうのです。ということは、**「筋肉を増やしてさえおけば、若い頃のように太りにくい身体でいられる」ということでもあります。**

私が食事制限をまったく必要としていないのも、しっかりした筋肉がついているため。

基礎代謝の量が多いからです。筋肉がエネルギーを消費してくれるため、なにを食べても太ったりする心配はありません。

もちろん理想の体型を目指すために、食事に気をつけるのは悪いことではありません。適切な食事をすることで、体型づくりが効率よく進むことは確かです。ただし、上手に行う必要があります。

「食事を抜く」とか、「野菜だけ食べる」といった、極端な食事にすると、必ず不足する栄養素が生じてきます。とくにタンパク質が不足した場合には、筋肉の減少につながってしまいます。筋肉を守るためにも、筋肉を増やすためにも、肉、魚、乳製品、大豆製品などのタンパク質を豊富に含んだ食品は、しっかりと摂る必要があります。

トレーニングが順調に進み、筋肉が増えてくれれば、基礎代謝があがるため、以前よりたくさん食べても太りにくくなります。それどころか、筋肉を保持するために、しっかり食べることが必要になるのです。

食べたいものを、食べたいだけ食べるのは、人間にとって大きな喜びです。筋トレを行って筋肉を増やすと、カッコいい身体になるだけでなく、こんな特典もついてくるのです。

05 あなたのトレーニング、間違っていませんか？

理想の体型を実現するためには、身体を動かして、筋肉を鍛えたり、体脂肪を燃焼させることが必要です。ただし、理論に基づいた正しい方法で行わないと、その効果は得られません。ここでは、よく見られる「誤った常識」を紹介します。

◆間違い① 体脂肪を減らすなら、まずは有酸素運動から!?

ウォーキングは大人気。「体脂肪が気になるから、とりあえずウォーキングをしよう」という人も多いようです。特別な技術を必要としませんし、体力的にも無理がないので、始めやすいのでしょう。確かにウォーキングが年齢や性別にかかわらず行える、安全な運動であることは間違いありません。ところが、ウォーキングを行うことで狙い通りに体脂肪が減ってくるかというと、なかなかうまくいかないものです。

最大の理由は、ウォーキングは運動強度が低いため、かなりの時間を費やさないと、十分な量のエネルギーを消費できない点にあります。体重60kgの人が、時速4㎞の普通の速度で歩いた場合、10分間（約1000歩）で消費するエネルギー量は、およそ30㎉だとされています（厚生労働省「健康日本21」より）。これに対し、1kgの体脂肪のエネルギー量は7000㎉です。これをウォーキングだけで消費するとなると、およそ40時間歩かなければならないことになります。ちょっと計算しただけでも、簡単に体脂肪が減らないことがわかります。

トレーニングを行うときには、「努力対効果」や「時間対効果」を考えるべきだと私は考えています。この視点からウォーキングという運動を考えてみると、「時間対効果」が圧倒的に低いのだということがわかります。毎日忙しいと感じている人にとって、ウォーキングはあまりよい選択肢ではないといえるでしょう。

では、ウォーキングよりも、効果がありそうなランニングはどうでしょうか。

確かにランニングにすると、そのカロリー消費量は1.5～2倍にアップするといわれていますが、それでも長い時間が必要なことに変わりはありません。

ウォーキングやランニング、そして水泳などは有酸素運動にわけられますが、有酸素運動では、大まかにいうと運動したぶんだけしかエネルギーを消費しないということを意識しなければいけません。つまり、走った日にはエネルギーが消費されても、走らなかった日のエネルギー消費は増えないということです。

それに対し、筋トレで筋肉を増やした場合は、**筋肉が増えると、基礎代謝があがるので、とくにエネルギーを消費するための運動を行わなくても、その消費量が増えます。**仕事をしているときも、食事をしているときも、寝ているときでさえ、筋肉が増えたぶんだけ、基礎代謝として消費されるエネルギー量は増えているのです。つまり、1日24時間、じわじわとエネルギーが消費され、それが今日も、明日も、明後日も続いていきます。体脂肪を減らす効果は、こちらのほうがはるかに大きいのです。

もちろん有酸素運動がまったく意味がないというわけではありません。できることから始めるというのは大切な発想ですし、無酸素運動である筋トレと組み合わせると、より高いシェイプアップ効果も期待されます。

組み合わせる場合のポイントは、実施する際には、筋トレを先（有酸素運動を後）に行うこと。理由は、その順番で行うほうが体脂肪の燃焼を助ける「成長ホルモン」をより効果的に利用できますし、逆に有酸素運動を先に行うと筋肉が疲れて効果的な筋トレができなくなる可能性があるからです。

◆間違い② 筋肉をつけるために回数を増やす!?

「つらくなければ筋トレの効果はない」という間違った思い込みのせいでしょうか、腕立て伏せや腹筋運動などの筋トレは、「とにかく回数を増やしたほうが効果は高い」と信じている人も多いようです。

でも、それも間違い。腕立て伏せなどの運動を100回繰り返せるとしたら、その人にとって、その運動は強度が低すぎて、筋肉を増やすための運動として適切ではありません。確かに同じ運動を連続して行うのはキツいものですが、一定の回数を超えた時点から、その運動は筋肉の持久力を高めるためのものになります。そして、その筋肉の持久力の高さと見た目にも影響する筋肉の量は比例しないため、結果としてキツい運動でも体型づくりには役立たないということになります。

数を増やすのであれば、身体の角度などを変えて負荷を高め、**「1セットあたり10～15**

回程度行えば手応えを感じる」というくらいまで繰り返せる回数に減らしたほうが、その効果は高まります。

◆間違い③　スクワットは深く沈み込むほど効く!?

「とにかく身体を動かそう」と、聞きかじりの筋トレを自己流のやり方で行うのも要注意です。たとえばスクワット。単に直立の姿勢からヒザを曲げればよいと思っている人もいるようですが、身体を沈み込ませるときに、ヒザがつま先よりも前に出ていたり、背中が曲がっていたりしてしまうと、効率よく効果を得られないばかりか、故障の原因にもなってしまいます。スクワットなら、「チェアースクワット（90ページ）」のように背すじを伸ばして、お尻を後ろへ突き出すようにして沈み込むのが正解です。

身体を動かして汗をかくと達成感を得られるかもしれませんが、間違ったフォームでは意味がありません。**「体力的にキツいこと」は、必ずしも「筋肉を的確に刺激していること」とイコールではないのです。**まずは、正しいフォームを覚えることが大切です。

PART 3

知ることが第一歩！体脂肪を落とすメカニズム

01 肥満増加中！　日本が危ない

体型づくりにとって、体脂肪はなかなかやっかいな相手です。体脂肪が必要以上についてて肥満した身体は、どう見てもカッコよくはありません。もちろん、たとえ体脂肪が多めでも、しっかりと筋肉をつければ、ボディラインに張りが出てきて、たるんだ感じのただの肥満とは違ってきます。しかし、理想を求めるのであれば、やはり余分な体脂肪は減らさなければなりません。

体脂肪が減った身体は、シャープな感じになります。ウエストがすっきりと細くなりますし、筋肉を覆っている脂肪の層が薄くなるにつれて、筋肉もはっきりと浮き出てくるようになります。

もう一つ、肥満を解消したほうがよいのは、健康上の理由からです。**現在、日本では肥満が増加中で、それが大きな問題になっています。肥満がさまざまな生活習慣病の原因になることが明らかになっているからです。**

メタボリックシンドローム（内臓脂肪症候群）はご存知ですよね。ちょっと太目の人に対して「メタボ」といったりしますが、正しくは次のような場合に、メタボリックシンドロームと診断されます。

・おへそを通る腹囲が、男性で85㎝以上、女性で90㎝以上ある。
・糖尿病、高血圧、脂質異常症※の三つのうち二つ以上に該当する。

この二つがそろっている場合に、メタボリックシンドロームと診断されます。腹囲を測るのは、内臓脂肪が多すぎるかどうかを調べるためです。男性で85㎝以上、女性で90㎝以上ある場合には、内臓脂肪の量が、問題となるレベルを超えていると考えられるのです。

身体につく脂肪（体脂肪）は、大きく「皮下脂肪」と「内臓脂肪」にわけられます。皮下脂肪は文字通り皮膚の下につく脂肪です。お腹の周囲に皮下脂肪が増えると、二段腹、三段腹の状態になります。手でつまむことができるのが皮下脂肪の特徴です。女性に多いのが、このタイプの肥満です。

これに対し、メタボリックシンドロームに関係する内臓脂肪は、腸や胃などの周囲にたまります。内臓脂肪が増えた肥満は、膨らんだ風船のようにお腹が太くなり、脂肪の層を

※血液中にふくまれるコレステロールや中性脂肪などの脂質が、一定の基準よりも多い状態で、心筋梗塞や脳卒中などのリスクが高くなる。かつては高脂血症といわれていた。

つまみにくいのが特徴です。このタイプの肥満が多いのは圧倒的に男性で、メタボリックシンドロームと診断されるのも、その多くが男性なのです。ちなみに診断基準の腹囲が、男性が85㎝以上なのに、女性が90㎝以上となっているのは、女性のほうが内臓脂肪がたまりにくいからです。

では、内臓脂肪が問題視されるのはなぜでしょうか。

それは、内臓脂肪の脂肪細胞からは、困った働きをする物質が放出されるからです。それが動脈硬化を進め、糖尿病、高血圧、脂質異常症などを悪化させることがわかっています。皮下脂肪は健康にさほど悪影響を与えませんが、内臓脂肪は非常に問題なのです。メタボリックシンドロームは、生活習慣病予備軍とも呼ばれています。それを放置しておくと、糖尿病、高血圧、脂質異常症などが悪化し、最終的には心筋梗塞や脳卒中など、命に関わる病気を引き起こす危険性が高まります。こうした事態を防ぐためにも、内臓脂肪を減らしておくことが大切なのです。

まず、腹囲を測ってみましょう。ちょうどおへそを通るラインで測ります。男性で85㎝以上あった人と、女性で90㎝以上あった人は、真剣に内臓脂肪を減らすことを考えてください。難しいことではありません。内臓脂肪は最初に減り始める脂肪なので、食事などによる「摂取エネルギー」にくらべ、運動や基礎代謝で使われる「消費エネルギー」のほうが多くなれば、確実に減っていきます。

ただ、どうせ内臓脂肪を減らすのであれば、それだけで終わらせるのは、もったいないですね。

同時に筋トレを行って筋肉量を増やして、若々しい身体、張りのあるボディラインをつくりあげることをおすすめします。メタボ対策に取り組むときは、体型づくりを行う絶好のチャンスでもあるのです。

お腹まわりの断面のイメージ

内臓脂肪型肥満は生活習慣病を招きやすい

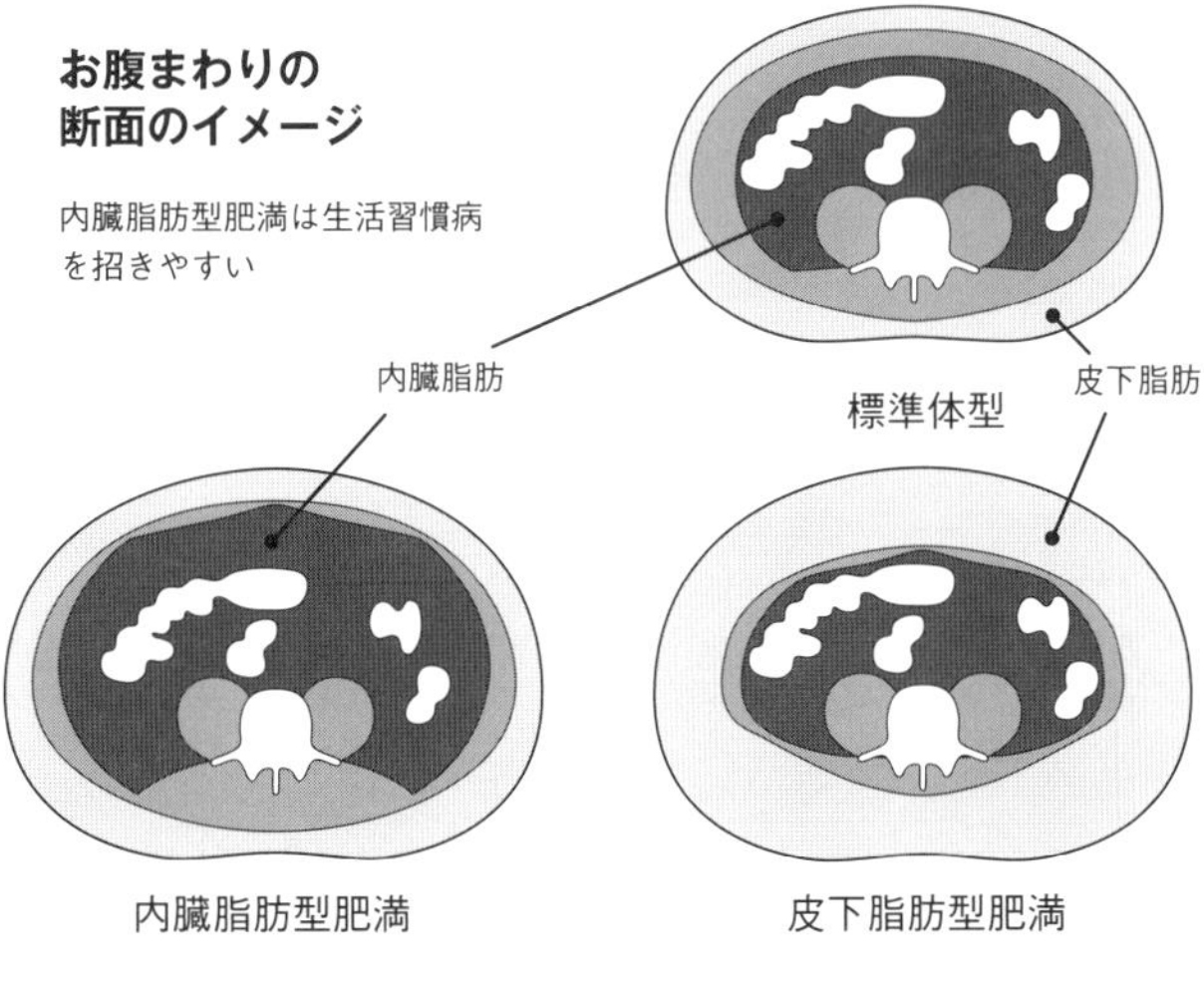

02 人類の敵・体脂肪はこうして蓄えられる

「もう少しやせたい」と考えている人にとって、体脂肪は「人類の敵」のように思えるかもしれません。しかし、本来、体脂肪は、厳しい自然界を生き延びるために備わった「人類の強い味方」だったのです。

人類は誕生してから、ずっと飢餓の問題と戦ってきました。いつ食べ物が手に入るかわからない生活では、食べられるときにたくさん食べ、体内に栄養をたくわえておくのが合理的です。当然、栄養をたくわえる能力の高い人（つまり体脂肪がつきやすい人）が生き残り、栄養をたくわえる能力の低い人（つまり体脂肪がつきにくい人）は淘汰されてきました。こうして、体脂肪のつきやすい遺伝子を持った人類の子孫だけが、地球上に残ることになったわけです。

だから、体脂肪がつきやすいのは仕方がありません。私たちの身体には、飢餓を生き抜くために体脂肪がつくための遺伝子が組み込まれているのです。

現代人の不幸は、そうした遺伝子を持ちながら、食べ物にあふれた環境で生活していることです。体脂肪をためこむ能力は、原始時代なら命を守るのに役立ちましたが、現代生活においては、肥満をつくりだす原因にしかなりません。飢餓を生き抜くための能力が、飽食の時代においては、健康を害する重大な原因になっているのです。

では、人間の体内には、どのくらいのエネルギーが体脂肪としてためこまれているのでしょうか。わかりやすくイメージするために、ごく簡単な計算をしてみましょう。

たとえば、体重が60kgで、体脂肪率が10％の非常にスリムな人でも、6kg＝6000gの体脂肪を持っていることになります。脂肪は1gが9kcalなので、全部で5万4000kcalです。これがどんな量なのか、わかりますか。

たとえば、日本人が1日の食事で摂るエネルギー量は、だいたい2000kcalです。つまり、5万4000kcalは27日分の食事のエネルギーに相当するわけです。体脂肪率が10％の人でも、ほぼ1カ月分の食事に匹敵するエネルギーを、体脂肪として蓄えていることになります。体脂肪率が20％の人なら、この2倍。とくに太っているとはいえない人でも、2カ月分の食事に匹敵するエネルギーを、体脂肪として蓄えているわけです。

人間の身体は、このくらい飢餓に強いのです。だからこそ、現代人は体脂肪のつきすぎに気をつけなければなりません。内臓脂肪が増えるメタボリックシンドロームが、いかに健康を害するかは、60ページで説明したとおりです。

では、どうすれば、体脂肪を増やさずにすむのでしょうか。

「食事で脂肪（脂質）を摂らなければよい」と考えている人がいますが、残念ながらそれは違います。脂肪だろうと、糖質だろうと、タンパク質だろうと、必要以上に摂って余ったぶんは、身体のなかで合成しなおされ、体脂肪として蓄えられてしまいます。脂肪を摂るかどうかは、本質的な問題ではないのです。

体脂肪が増えるか減るかは、食事などから摂る「摂取エネルギー」と、運動や基礎代謝で使われる「消費エネルギー」の関係で決まります。摂取エネルギーの量が上回った状態が続けば、余った分が脂肪として蓄えられ、体脂肪は増えていきます。逆に、**消費エネルギーの多い状態が続けば、体脂肪は確実に減っていくのです。**

重要なのはこのバランスで、体脂肪を減らすためには、「消費エネルギー＞摂取エネルギー」の状態をつくりだす必要があります。そのためには、消費エネルギーを増やす方法、摂取エネルギーを減らす方法、その両方を行う方法が考えられます。

食事制限をして摂取エネルギーを減らそうとする人が多いのですが、これだけに頼るのはおすすめできません。**食事制限だけでやせると、げっそりした感じや、やつれた感じになってしまい、見た目に美しくないのです。それに、多くの場合、長続きしません。**最初はがんばっていても、あるとき食事制限をしているのが嫌になり、とたんにリバウンドが起こります。私はこれまで、そういう例はたくさん見てきました。また、飢餓状態におかれた人間の身体は、なんとか生き延びようと、基礎代謝を低下させます。体温を少しさげたりして、エネルギーの消費を少なくしてしまうのです。そのため、食事制限をしていると、食事を減らしているわりに体重が減らない時期が訪れます。これも、リバウンドを誘発することにつながっています。

理想的なのは、消費エネルギーを増やして、「消費エネルギー＞摂取エネルギー」の関係をつくりだすことです。この方法がうまくいくと、リバウンドが起こりにくいため、体脂肪の減った状態を維持しやすくなります。無理な食事制限は行わず、消費エネルギーを増やすことを考えてみましょう。

03 中高年になるとビール中ジョッキ分のカロリーが毎日蓄えられる

体脂肪を減らすためには、消費エネルギーを増やすことがすすめられます。そこで、あらためて消費エネルギーについて考えてみましょう。

消費エネルギーは、次のような式で表すことができます。

「消費エネルギー＝身体活動量＋基礎代謝量＋食事誘発性体熱生産」。

消費エネルギーに関係する三つの項目の割合と概要は左下の「平均的な消費エネルギーの割合」をご参照ください。一つ目の身体活動量は、よく歩く、エレベーターを使わずに階段を使うなど、普段の活動性を高めることで増やすことができます。「体脂肪を燃焼させるなら、まずは運動」と意識している人も多いでしょう。一方、身体活動量にくらべて二つ目の基礎代謝量は軽視されがちですが、じつはこちらのほうがのかなり多くのエネルギーが使われていて、消費エネルギー全体の60～70％を占めるといわれています。三つ目の食事誘発性体熱生産はタンパク質の多い食事を摂ると多少高まりますが、体脂肪を減らすのに効果があるほどではありません。つまり、体脂肪を燃焼させるために消費エネルギーを増やすには、「身体活動量を増やす」、「基礎代謝量を増やす」という二つのアプローチを考える必要があるというわけです。なかでも、私たちの消費エネルギーのなかで、もっとも多くの割合を占めているのは基礎代謝量なので、これを増やすことを考えるのが、消費エネルギーを増やすためのもっとも合理的な方法といえます。

基礎代謝量は、年齢によっても違っています。10代後半〜20代にかけてピークとなり、その後はだんだん低下していきます。これは、筋肉量が減ることが大きな原因になっていま

平均的な消費エネルギーの割合

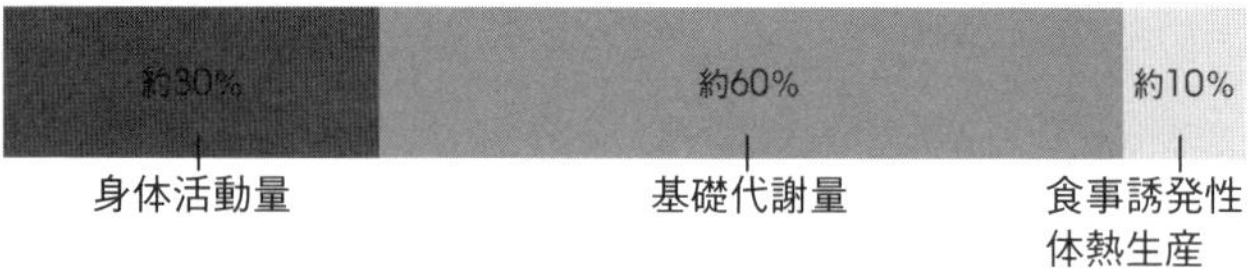

・身体活動量
運動はもちろん、家事などの日常生活で身体を動かすことによって消費するエネルギー量

・基礎代謝量
人間が生きていくのに最低限必要となるエネルギー量。体温を一定に保ったり、内臓を働かせたりするのに使われる

・食事誘発性体熱生産
食べたものを消化吸収して代謝するときに体温が上がる現象（またはそのエネルギー量）

す。標準的な体重の男性の基礎代謝量は、ピークの年代では1日1580㎉ですが、50〜60代になると1400㎉に減少してしまいます（厚生労働省「日本人の食事摂取基準（2010年版）」より）。つまり、1日当たり180㎉も減ってしまうのです。これは、食パン（6枚切り）1枚、あるいはビール中ジョッキ1杯のエネルギー量に相当します。中高年になって筋肉量が減ってしまうと、毎日、ビールを中ジョッキ1杯分余計に飲んでいるのと同じ状態になるわけです。若い頃と同じ量しか食べていないといっても、どんどん体脂肪がついてくるのは無理もありません。

基礎代謝量は、筋肉、脳、肺、心臓、肝臓、胃などで、生きるために最小限消費されるエネルギーの総量です。これらの部位のなかで、どこで消費されるエネルギーが多いかというと、もっとも多いのは筋肉なのです。ここでいう筋肉とは骨格筋のことで、内臓の筋肉は含みません。つまり、基礎代謝を増やすためには、筋トレで増やせる骨格筋の筋肉量を増やすことが、きわめて効果的なのです。

「若い頃と同じレベルまで筋肉量を増やすことなんて、本当にできるのだろうか」と心配になる人もいるでしょう。しかし、それは決して難しいことではありません。**適切な筋ト**

レを行っていれば、若い頃の筋肉量を取り戻すことなど、さほど難しいことではないのです。30代、40代ならもちろん、50代だって、あきらめる必要はありません。筋肉というのは非常に単純で、適切な刺激を加えれば、必ずそれに反応して強くたくましくなります。それを繰り返していけば、何歳からでも、思い通りの身体をつくることができるのです。

そうやって筋肉量が増えると、基礎代謝量が増え、消費エネルギーが増えます。こうして消費エネルギー量が摂取エネルギー量を上回れば、余分な体脂肪は徐々に減っていくことになります。そして、いったん筋肉をつけてしまえば、身体は太りにくくなります。エネルギーを消費しやすい身体なので、ちょっと食べすぎたくらいでは、体脂肪が増えたりすることはありません。

ウォーキングやジョギングなどの運動は、それを行ったときに、行ったぶんだけエネルギーが消費されます。仕事が忙しかったり、雨が降ったりして、それをやらなければ、エネルギーは消費されません。それに対し、**筋肉量を増やして基礎代謝量をあげた場合には、なにもしていなくても、毎日確実にエネルギーが消費されていきます。**そこが活動量を増やす方法とは、大きく異なっているのです。

04 結局、筋トレは週に何回やるのが正解なのか？

筋肉は使わないでいると、どんどん細く（弱く）なってしまいます。逆に、筋トレを行うと、太くたくましくなります。どうしてこのような現象が起きるのでしょうか。そのメカニズムを、あらためて、わかりやすく解説しておきましょう。

筋トレを行って筋肉に負荷をかけると、筋肉を構成している筋線維には、ごく小さな損傷ができます。その傷は、筋トレ後に体内で自然修復されるのですが、修復されるときに、それ以前より少し太く（強く）なります。**たとえ今回と同じような負荷がかかっても組織が損傷を受けないように、これまでより少し太い筋肉に修復されるのです。この現象を「超回復」といいます。**筋トレによって、筋肉が太くなったり、強くなったりするのは、この超回復が起こるためなのです。筋肉はトレーニングで損傷を受け、その後に適切な休養をとることで修復され、それにより着実に太くなるのだといってよいでしょう。

超回復が起きることで、筋肉はそれまでよりもわずかに太くなります。1回の筋トレで得られる効果はわずかですが、筋トレ前にくらべれば、確実に太くなっているのです。筋トレの効果をうまく引き出すためには、超回復により、筋肉が元の状態より太くなったところで、タイミングよく次の筋トレが行われるのが理想的です。つまり、「筋トレで筋肉を刺激→筋肉を休ませて超回復を促す→筋肉が太く（強く）なる」というサイクルを何度も何度も繰り返していくことによって、筋肉は目に見えるほど太くたくましくなっていくのです。

このような超回復のメカニズムがわかってくれば、筋肉を増やすためには、なにが重要なのかが明らかになってきます。

超回復のイメージ

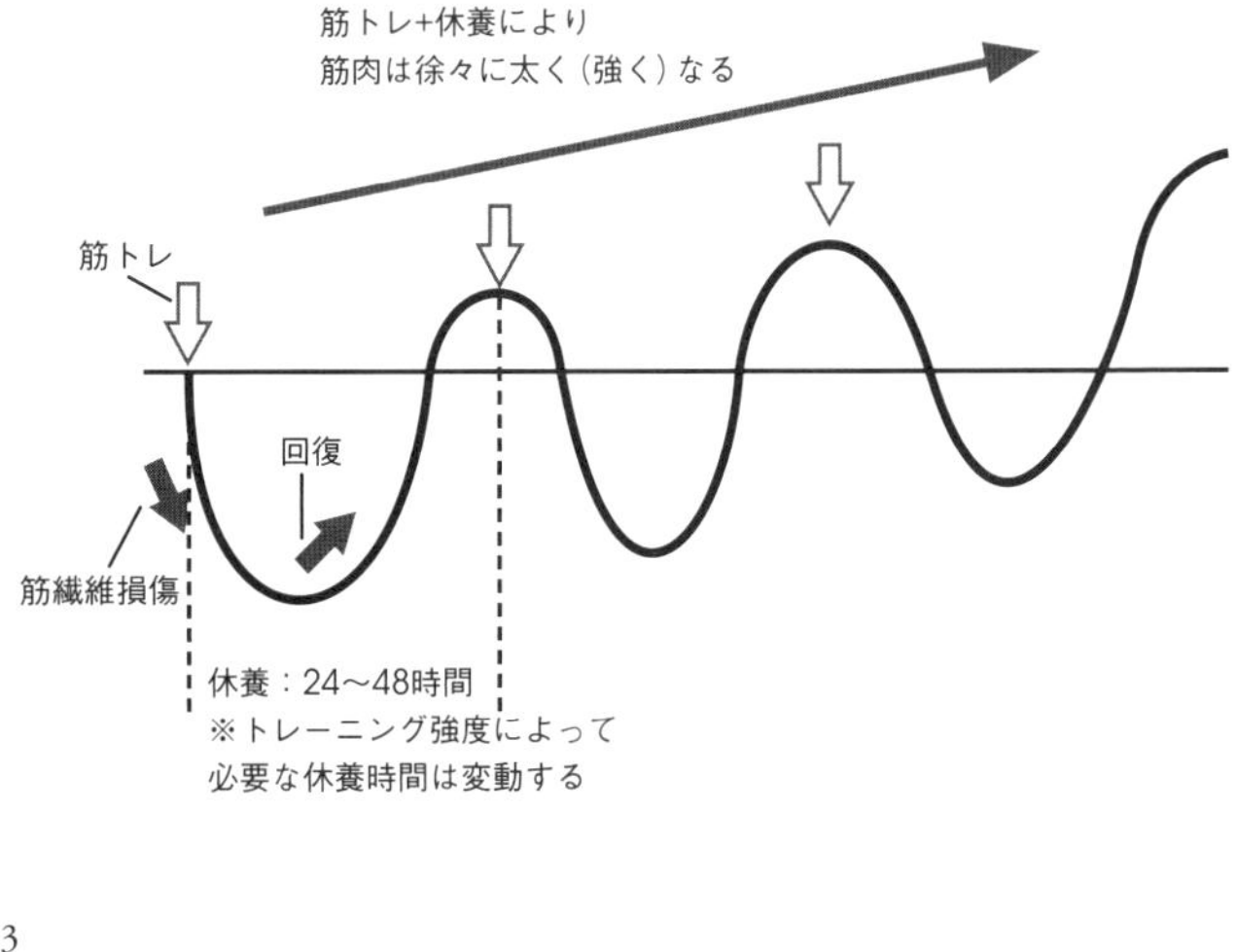
筋トレ+休養により
筋肉は徐々に太く（強く）なる
筋トレ
回復
筋繊維損傷
休養：24〜48時間
※トレーニング強度によって
必要な休養時間は変動する

一つは、筋トレの「強度」です。**超回復を生じさせるためには、筋線維に適切な損傷を起こさせる強度が必要になります**。負荷が弱すぎる筋トレでは、損傷が生じないために超回復が起こらず、筋肉が太くなることは期待できません。

もう一つは、筋トレの「頻度」です。もっとも効率よくトレーニング効果を得るには、超回復が起きたところで、タイミングよく次の筋トレが行われる必要があります。そのためには、前述したように、**1日おきくらいに行うのが適切なのです**。筋トレの間隔が開きすぎると、超回復の効果が消えてから次の筋トレを行うことになります。そのため、週に1回の筋トレでは、どんなに充実した内容のトレーニングを行っても、効果となって現れてきません。それにくらべ、1回の筋トレがそれほど充実していなくても、必要な強度にさえ達していれば、週に3回行うことで、はるかに大きな効果を得ることができます。

理想の体型に近づくためには、週に1回ジムに通って無理をするようにがんばるより、週に3回自宅で気転に適度な負荷の筋トレを行うほうが、はるかに効率のよいトレーニングとなるのです。

PART 4

ちゃっかりシェイプアップ！効果抜群のメソッド

01 「努力対効果」を最大にする秘訣

ここまで読んでいただければ、きっと「理想の体型づくりのために筋トレを始めてみようかな」と思うことでしょう。このパートでは、具体的な筋トレのメソッド（種目）を紹介します。なお、行う際には次のような点に注意すると、無駄なく筋肉が刺激され、最小の努力で最大の効果を得ることができます。

●回数よりも正しいフォーム

狙った筋肉に、狙い通りの負荷をかけるためには、筋トレを正しいフォームで行う必要があります。**最初は、繰り返しの回数をこなすことより、正しいフォームで行うことを優先しましょう**。筋力が弱い人は、負荷が大きすぎると、フォームが乱れてしまうこともあります。そのような場合には、負荷を軽くする工夫をして、正しいフォームで行うことを心がけましょう。反動をつけたり、勢いをつけたりして行うのもNGです。

●鍛える筋肉に意識を集中させる

まずは80ページの「筋肉イラスト図解」などを参考に自分の身体の筋肉の構造を理解し、行っている筋トレが、どの筋肉を強化するのかを知っておくことも重要です。**そして、実施する際にはその筋肉に意識を集中させて筋トレを行います**。そうすることで、狙った筋肉をうまく使うことができ、狙い通りの効果を得ることができるからです。

●呼吸が大事! 止めないこと

呼吸は、強化しようとしている筋肉が収縮する局面で吐き、伸展（または弛緩）する局面で吸うのが基本。多くの場合、呼吸を止めるのはNGです。慣れてくればなんでもないことですが、へんに意識してしまうとうまくいきません。

最初は声を出しながらやるとよいでしょう。力を発揮する局面で、「イチ!」「ニー!」「サン!」と大きく声を出します。こうすると声を出す瞬間に息が吐き出され、次の局面で自然に息を吸うことができます。

●表と裏をバランスよく鍛えて効率アップ

体型づくりでは、とかく胸やお腹といった身体の表側ばかりが気になるものです。でも、**筋トレで大切なのは、「表を行ったら、次に裏を行う」という考え方です。**ここでのキーワードは「拮抗筋」。拮抗筋とは、対になって拮抗する働きをする筋肉のことで、たとえば、ヒジを曲げるときに収縮する上腕二頭筋と、ヒジを伸ばすときに収縮する上腕三頭筋のような関係を指します。拮抗筋を交互にトレーニングすると、片方の筋肉が休めるので、無理なくトレーニングを進めることができ、大きな負荷をかけることも可能です。たとえば、胸と背中を強化するときには、「胸3セット」→「背中3セット」と進めるのではなく、「胸→背中」3セットという進め方にします。なにより、一般的に美しいとされるスタイルは、偏りがない、バランスのよい体型です。胸やお腹側の筋肉を鍛えたら、背中側の筋肉のトレーニングも行いましょう。

●強度の目安は10～15回の繰り返し

筋トレの効果を効率よく引き出すためには、トレーニングの強度が適切である必要があます。たとえば、30回も40回も繰り返せる運動は、筋肉を効率よく発達させるためには、強度が弱すぎ本書ですすめる筋トレは、**繰り返し回数については10～15回を基本としています**。10～15回繰り返したときに、かなりキツくなるのが適切な強度で、これを2～3セット繰り返します。なお、動きは「大きく、ゆっくり」が基本。一定のペースで行うように心がけましょう。

●前回の101%を目標に

身体をつくりあげていく段階では、少しずつ強度をあげていくことも大切です。**前回のトレーニング内容を100%とするなら、常に101%を目指します**。たとえば、10回を3セット行っているなら、それが楽にできるようになった段階で、11回、12回と増やしていきます。そして、一定回数できるようになったら（目安は15回程度）、次のステップとしてセット数を増やします。1セットを16回以上にはせず、10回4セットにするというわけです。このようにして、段階的に筋トレをレベルアップさせていくことで、常に自分にとって最適の筋トレを行うことができるようになります。

筋肉イラスト図解

【前面】

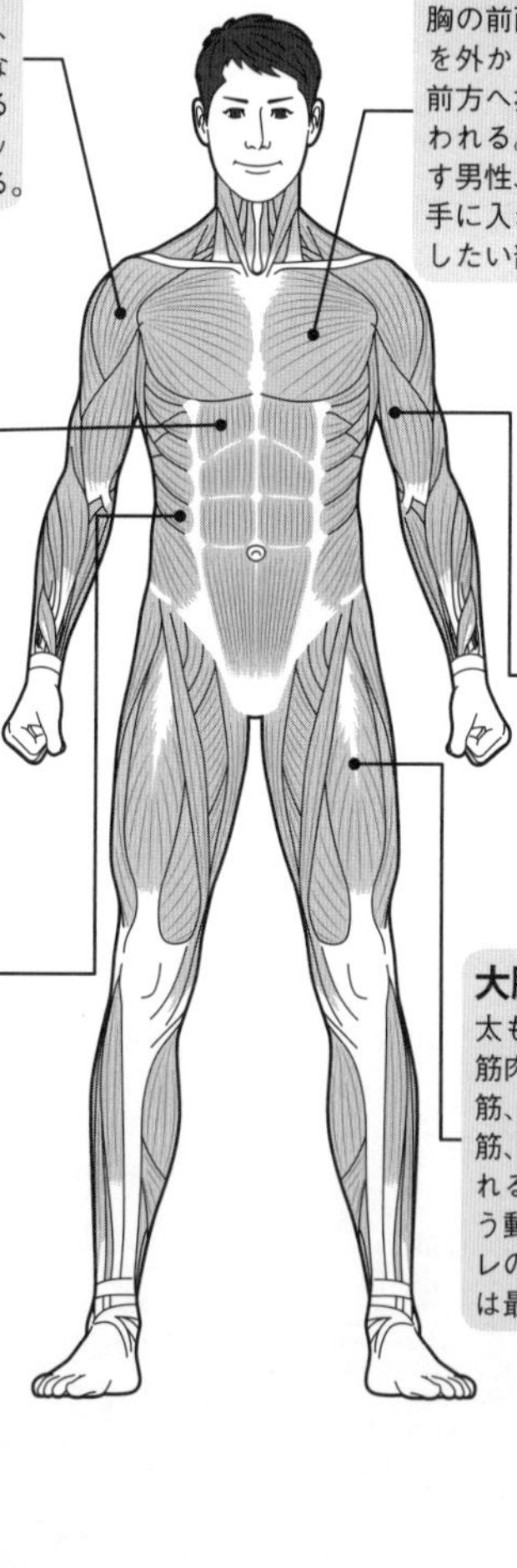

三角筋
肩関節を覆う三角形の筋肉。腕を外側や前、後ろへとあげる動きなどに使われる。鍛えると逆三角形のシルエットを際出たせてくれる。

大胸筋
胸の前面を覆う筋肉。腕を外から内側に閉じたり、前方へ押す動きなどに使われる。厚い胸板を目指す男性、美しいバストを手に入れたい女性は意識したい部位。

腹直筋
お腹の前側を縦に覆う筋肉。上半身を前屈させる動きなどに使われる。スッキリとしたお腹まわりを実現する際にはメインターゲットとなる。

上腕二頭筋
二の腕の前側にある筋肉。ヒジを曲げる動きなどに使われる。たくましい力コブを手に入れたい男性はここを鍛えたい。

腹斜筋
わき腹周辺にある筋肉。外腹斜筋と内腹斜筋の二つの斜めの層からなり、上半身を横に倒したり、ひねる動きなどに使用される。お腹まわりが気になる人はここを鍛えたい。

大腿四頭筋
太ももの前側の大きな筋肉。細かくは大腿直筋、内側広筋、外側広筋、中間広筋にわけられる。歩く、走るという動きに必要で、筋トレのターゲットとしては最重要部位の一つ。

筋トレを行う際には、「どの部位を鍛えているのか」を意識して行うこと。終わったあとに、その筋肉に張りを感じる程度までに刺激を与えるのが基本です。

【背面】

僧帽筋
首の後ろから肩や背中にかけての広い範囲に分布する筋肉。肩甲骨の動きに関係し、この部位のトレーニングは肩コリの解消にも有効。

脊柱起立筋
背骨を支える筋肉。姿勢を維持する役割を担うので、背筋の伸びた美しい姿勢を保つには、ここを鍛えること。

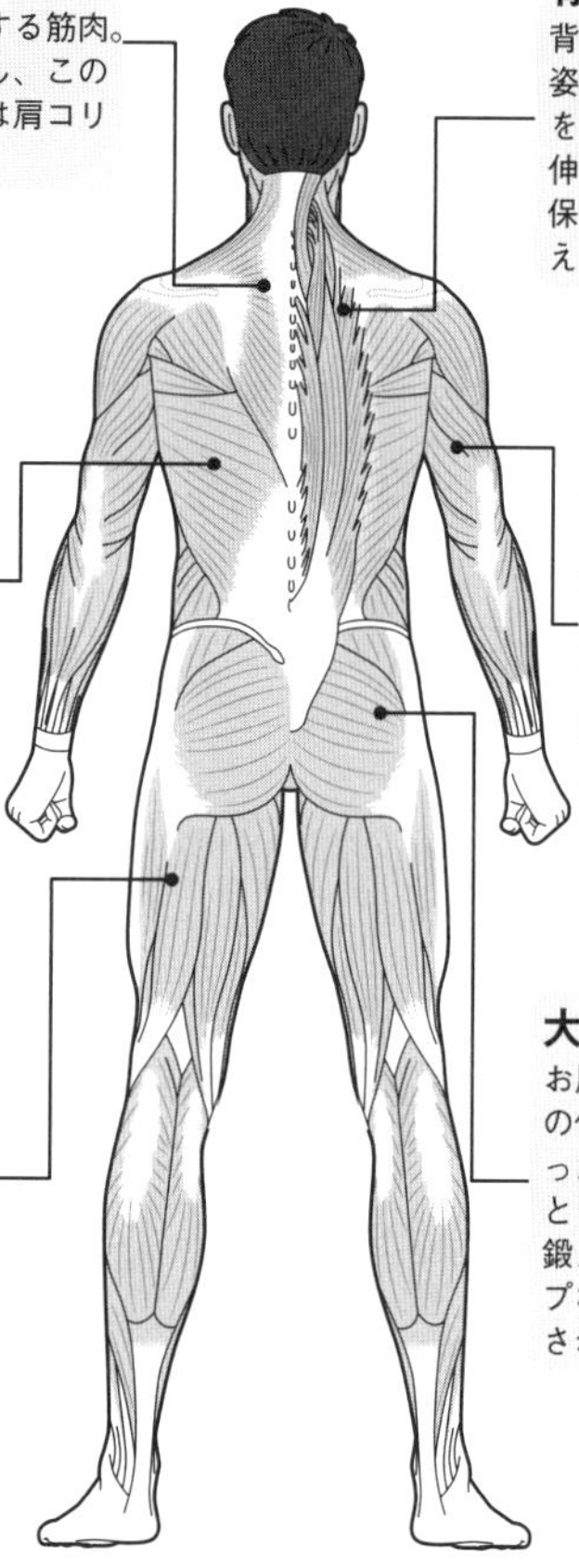

広背筋
身体の側面から背面を覆う筋肉。前に伸ばした腕を身体のほうへ引き寄せる動きなどに使われる。ここを鍛えることは逆三角形の上半身の実現に役立つ。

上腕三頭筋
腕の後ろ側にある筋肉。ヒジを伸ばす動きをなどに使われる。二の腕のたるみを解消したければ、ここをターゲットに。

ハムストリング
太ももの裏側の筋肉群。ヒザを曲げたり、太ももを後ろに引きつける動きなどに使われる。脚線美を目指すなら意識したい部位。

大臀筋
お尻の筋肉。股関節の伸展に関わり、走ったり、階段を上るときなどに使われる。鍛えるとヒップアップなどの効果が期待される。

Level ★☆☆ 01 肩のストレッチ

肩を大きくまわして、肩周辺の筋肉をほぐす。上半身を使う筋トレの前後に行うとよく、肩コリ予防にも役立つ。

ターゲット	肩甲骨周辺、胸（僧帽筋、大胸筋）
回数	10回（前後それぞれ）

①直立姿勢から指先を両肩につけ、胸の前でヒジをそろえる

②ヒジを前から上にあげ、そのまま後ろへとまわす

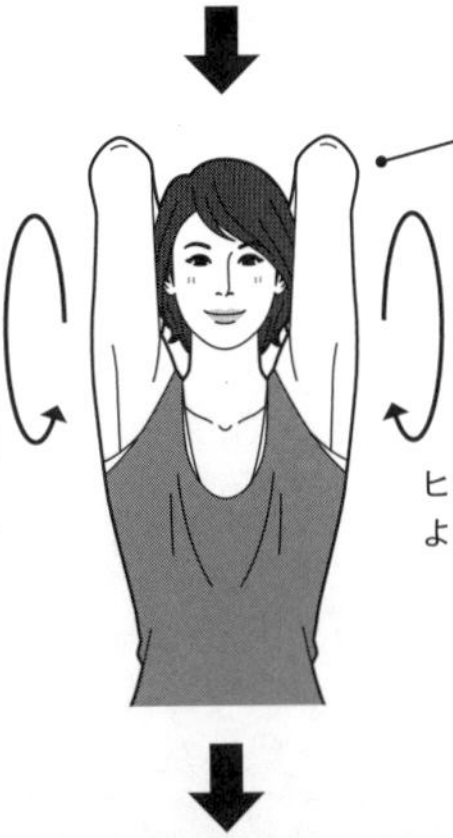
腕をまわす際に、手首～ヒジの部分が耳に触れるように意識するとよい
腕をおろすときはしっかりと胸を開き、肩甲骨をダイナミックに動かす
ヒジが円を描くようにまわす

③動きをとめずに①の姿勢に戻る（ここまでで１回）。一定回数行ったら逆回転も行う

Level ★☆☆　02 胸のストレッチ

横になって行うストレッチ。ゆっくりと腕を広げて、胸の筋肉を効果的にほぐしていく。肩コリ改善にも効果あり。

ターゲット	胸 (大胸筋)
回数	2～3回(左右それぞれ)

①横になり、左手をまっすぐ伸ばす

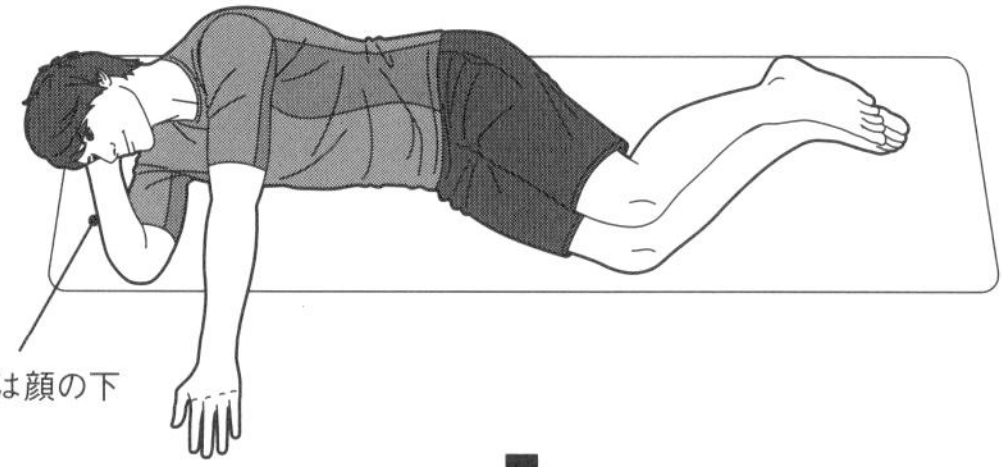
右手は顔の下

②腕を後ろへまわして身体を開く

腕はやや
斜め上に
ヒジは伸ばしたまま
下半身は固定したまま

③腕を前に倒して①の姿勢に戻る(ここまでで1回)。2～3回ほど繰り返したら反対側も行う

Level ★★☆

03 太ももの裏のストレッチ

太ももの裏を伸ばして周辺のコリをほぐす。ほかの筋トレを行う際の動作性やフォーム改善にもつながる。

ターゲット	太ももの裏 (ハムストリング)
回数	2～4回

①壁に右足をつける

できればカカトまでしっかりつける

アレンジ

バランスがとりづらければ、あげる足をイスにのせて行ってもOK

②股関節を曲げて上半身を傾け、10秒ほど静止する

背すじは伸ばしたまま
骨盤は常に壁と平行となるように意識する

③上半身を起こして①の姿勢に戻る（ここまで1回）。その後は左右交互に行う

Level ★☆☆　04　レッグエクステンション

背すじを伸ばしてイスに座り、片足をあげる。自宅のリビングやオフィスでもできる、手軽な下半身強化種目。

ターゲット	体幹、太もも（脊柱起立筋、大腿四頭筋）
回数	10回（左右それぞれ）

①イスに浅く腰かける

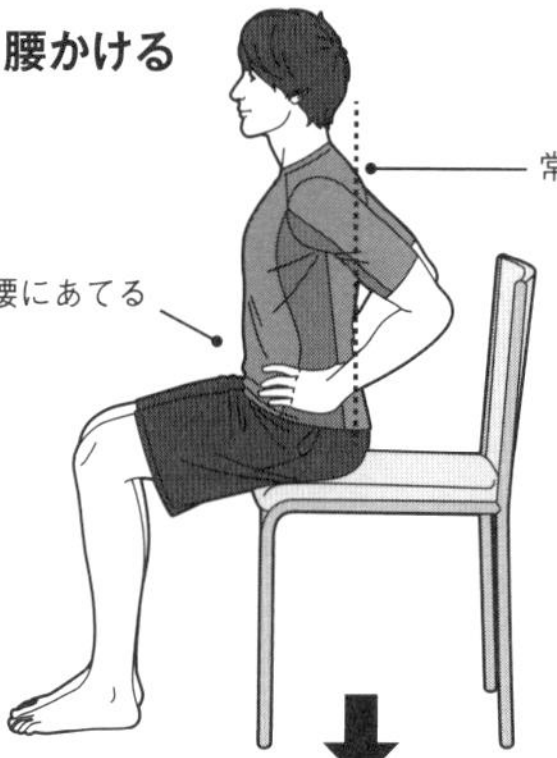
常に背すじは伸ばす
手は腰にあてる

②右足をあげてヒザを伸ばす

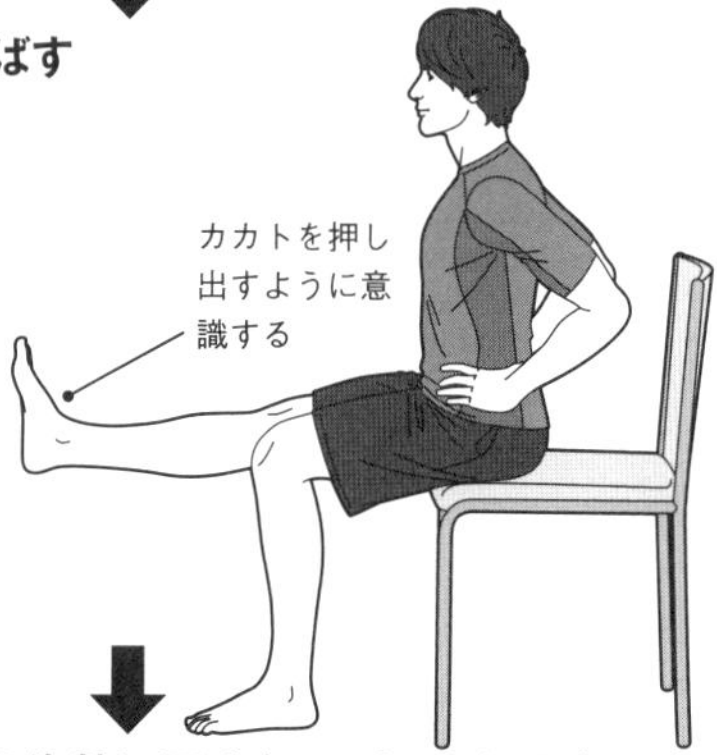
下腹と太ももに意識を集中して、勢いや反動を使わずに、じっくりと動作する
カカトを押し出すように意識する

③足をおろして①の姿勢に戻る（ここまでで1回）。一定回数行ったら左足も行う

Level ★★☆

05 アームリフト

両ヒジをつけて上にあげ、胸の筋肉を刺激。胸を立体的に形づくりたい人や、バストアップを目指す人はぜひ。

ターゲット	胸、腕（大胸筋、上腕三頭筋）
回数	10回

①胸の前で両手のヒジと手のひらを合わせる

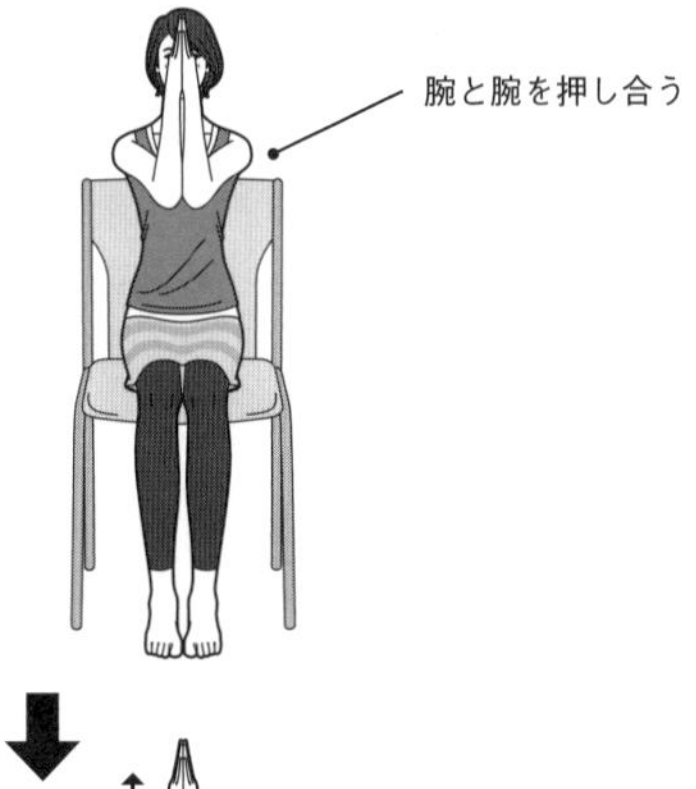
腕と腕を押し合う

②ヒジと手のひらを強く押し合ったまま、ゆっくりと5秒程度かけて上にあげる

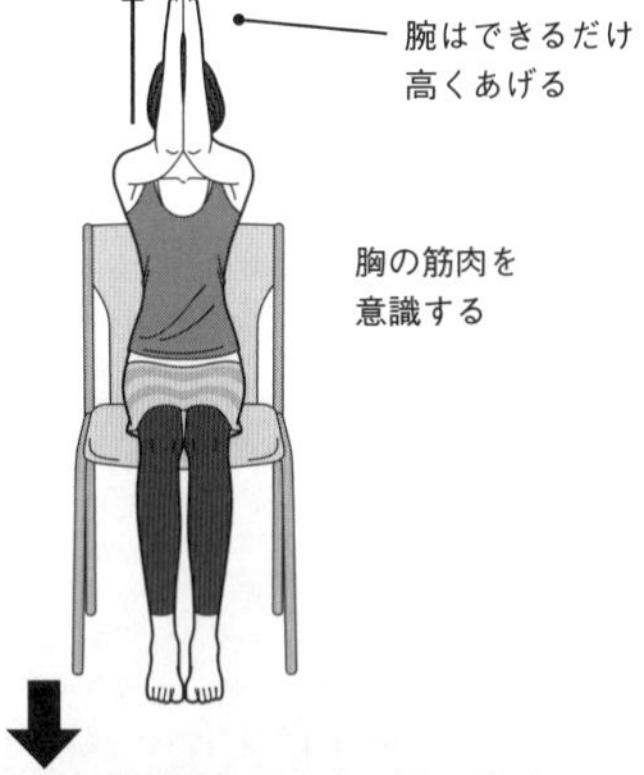
腕はできるだけ高くあげる
胸の筋肉を意識する

③腕をゆっくりとおろして①の姿勢に戻る（ここまでで1回）

Level ★★☆ 06 アームバックエクステンション

イスを使って行う、いわば腕立て伏せの反対側バージョン。二の腕の裏側を刺激して、腕を引き締めるのに役立つ。

ターゲット	腕（上腕三頭筋）
回数	10回

①両手を座面の端について身体を支える

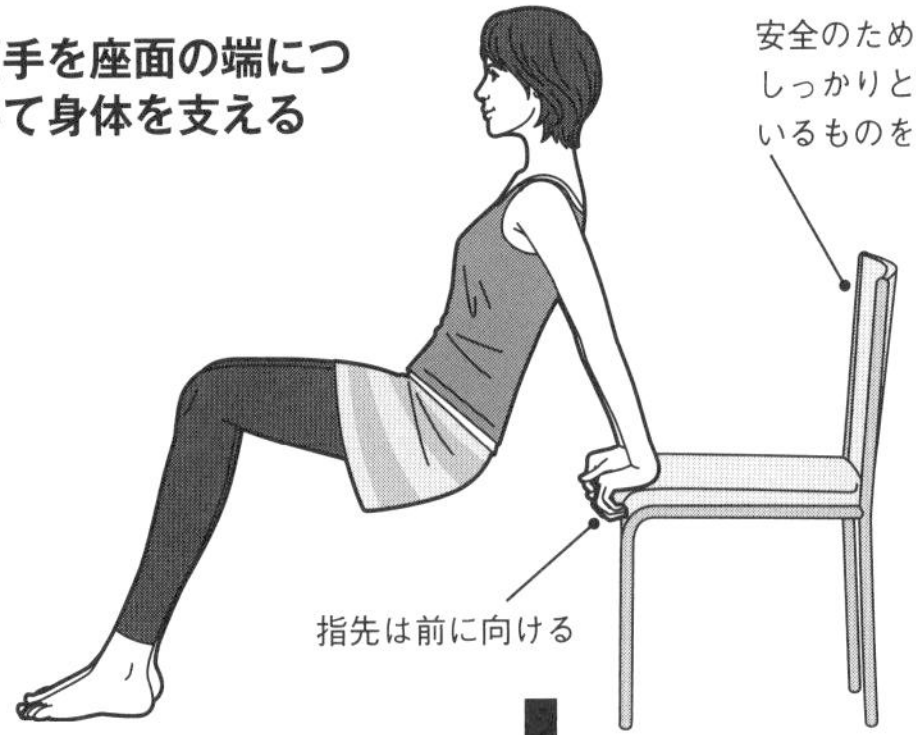
安全のため、イスはしっかりと安定しているものを使う
指先は前に向ける

②ヒジを曲げて沈み込む

アレンジ
両足の位置を遠くにすると、よりレベルが高くなる

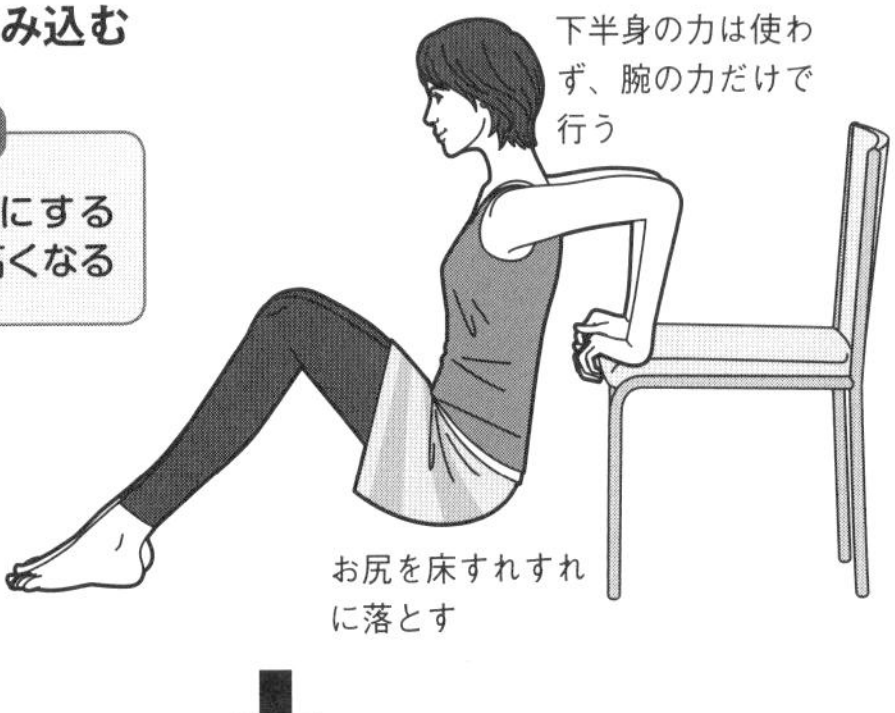
下半身の力は使わず、腕の力だけで行う
お尻を床すれすれに落とす

③ヒジを伸ばして①の姿勢に戻る（ここまでで１回）

Level ★★★ 07 レッグバランス

直立姿勢から手足を伸ばし、ゆっくりと片足立ちになることで、肩からお尻まで、幅広く身体の裏側を強化する。

ターゲット	肩、体幹、お尻、太もも（三角筋、脊柱起立筋、大殿筋、大腿四頭筋）
回数	10回

①直立姿勢から両手を胸の前で合わせる

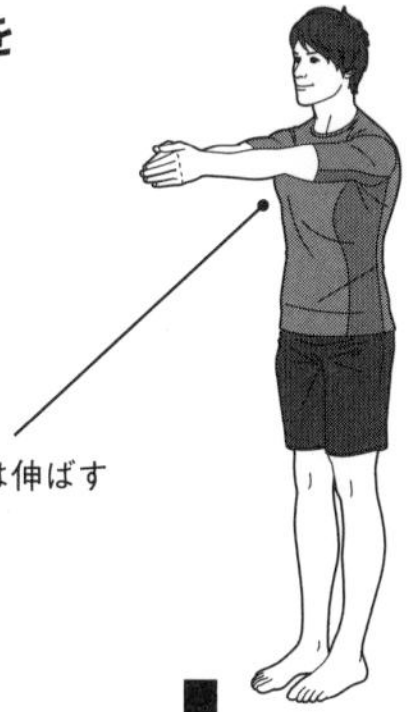
ヒジは伸ばす

②右足をあげながら上半身を前傾させる

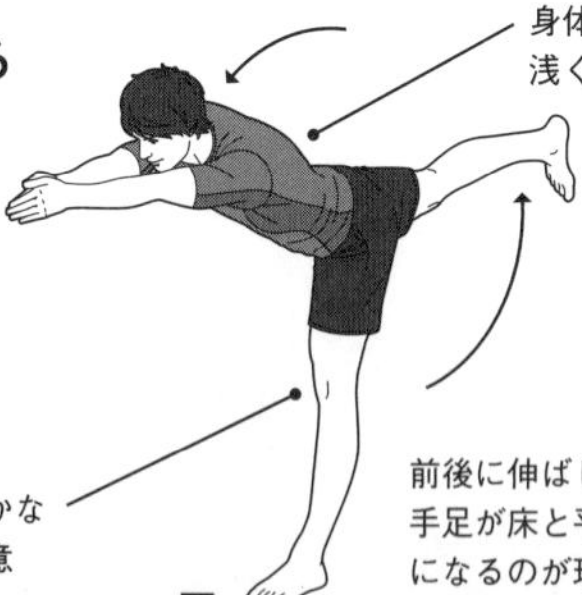
身体を傾ける角度は浅くても構わない
指先からカカトまで一直線になるように
軸足がぐらつかないように要注意
前後に伸ばした手足が床と平行になるのが理想

③足をおろして①の姿勢に戻る（ここまでで１回）。その後は左右交互に行う

Level ★★☆ 08 ハンズアップスクワット

足を前後に開き、両手をあげて行うスクワット。ハードだが、そのぶん、効果的に下半身や体幹を強化できる。

ターゲット	体幹、お尻、太もも（脊柱起立筋、大殿筋、大腿四頭筋）
回数	10回（左右それぞれ）

①右足を前に出して前後に大きく開き、頭の上で手を組む

背すじはしっかりと伸ばす

②ゆっくりと深く屈伸する

背すじは伸ばしたまま
両足の位置は固定したまま

③両ヒザを伸ばして①の姿勢に戻る（ここまでで1回）。一定回数行ったら左足を出して行う

Level ★★☆ 09 チェアースクワット

イスに腰かけるように動作することで、下半身を中心に体幹も強化するスクワットを正しいフォームで行う。

ターゲット	お尻、太もも（大殿筋、大腿四頭筋）
回数	10回

①イスの前に立つ（イスはなくてもよい）

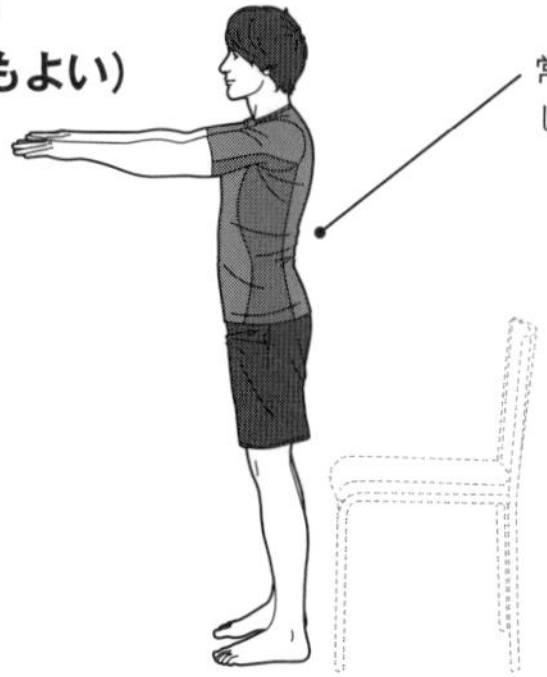
常に背すじは伸ばしたまま

②イスに腰かけるイメージで、ゆっくりと沈み込む

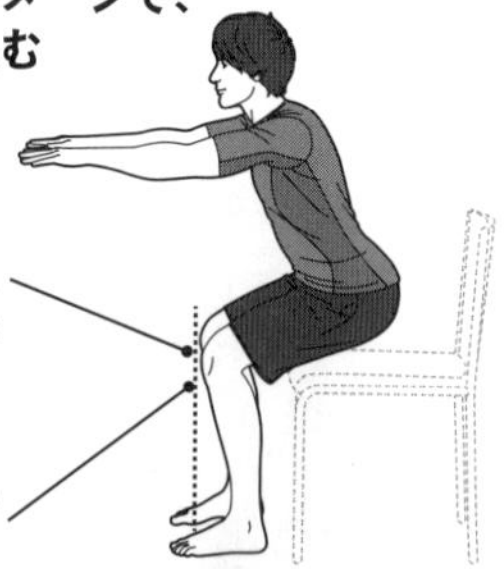
お尻が座面につくスレスレの位置までヒザを曲げる
ヒザがつま先よりも前に出ないように

③ヒザを伸ばして①の姿勢に戻る（ここまでで１回）

Level ★☆☆

10　ニートゥエルボー

立って行える腹筋トレーニング。上半身をひねる動作でわき腹を刺激し、足を引きあげる動作で下腹を引き締める。

ターゲット	お腹まわり、太もも（腹斜筋、大腿四頭筋）
回数	10回

①肩幅程度に足を開き、まっすぐ立つ

②右ヒジと左ヒザを合わせる

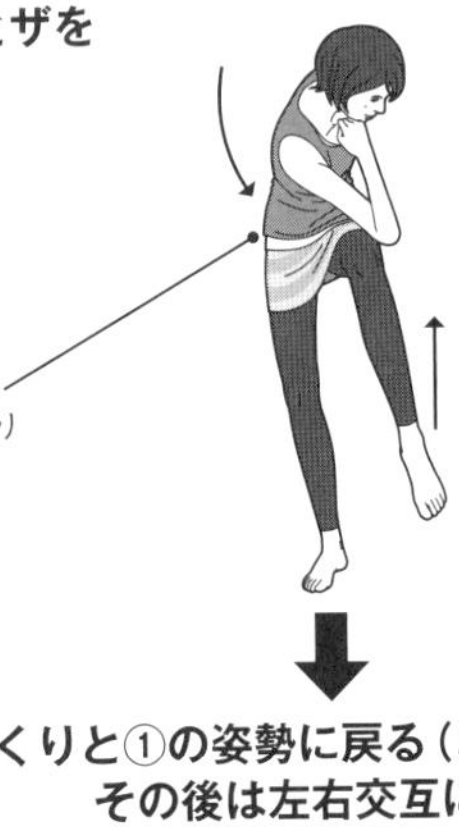
バランスを崩さないように注意
わき腹をしっかりひねる

③ゆっくりと①の姿勢に戻る（ここまでで１回）。その後は左右交互に行う

Level ★☆☆ 11 タッチトゥトゥズ

足を開いて立ち、片手でつま先をタッチする。腰と太ももの裏側を刺激し、わき腹のシェイプアップにも役立つ。

ターゲット	体幹、お腹まわり、太もも（脊柱起立筋、腹斜筋、ハムストリング）
回数	10回

①両足を開いて立ち、両手を肩の高さにあげる

②左手で右足のつま先をタッチする

息を吐きながら
上半身を倒す
両ヒザは伸ばしたまま

③息を吸いながら①の姿勢に戻る（ここまでで1回）。その後は左右交互に行う

Level ★★☆ 12 ニートゥチェスト

腕立て伏せの姿勢から片足を胸へと引きつける。体幹を中心に胸や太ももなどを幅広く強化できる複合的な種目。

ターゲット	胸、腕、お腹、太もも（大胸筋、上腕三頭筋、腹直筋、大腿四頭筋）
回数	10～12回

①腕立て伏せの姿勢をとる

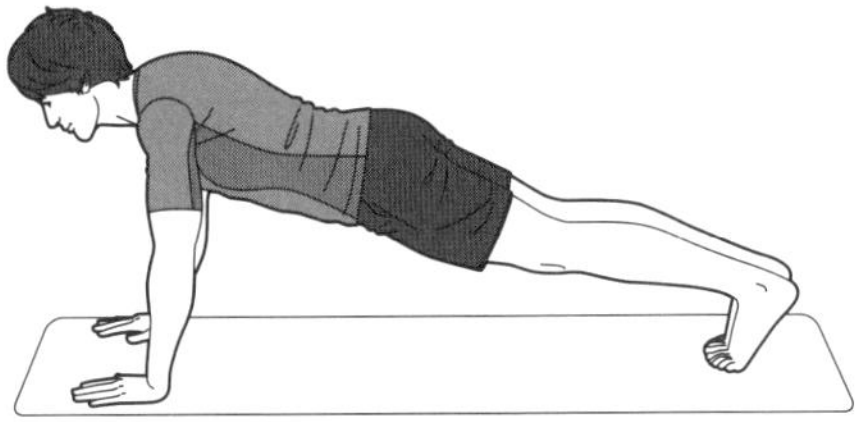
常に背すじを伸ばす

②右ヒザを胸へと近づける

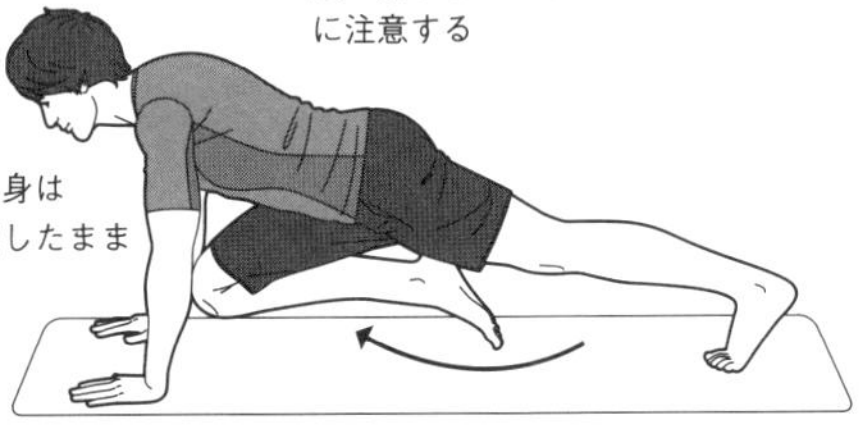
腰が落ちないように注意する
上半身は固定したまま

反動や勢いを使わずに、ゆっくりと行う

③ヒザを伸ばして①の姿勢に戻る（ここまでで１回）。その後は左右交互に行う

Level ★★☆

13 フライングドッグ

手足を床につけた姿勢から対角の手足をあげて、背中側の筋肉を鍛える。ヒップアップ＆二の腕引き締めに役立つ。

ターゲット	肩、背中、体幹、お尻（三角筋、広背筋、脊柱起立筋、大殿筋）
回数	10回

①両手と両ヒザを床につく

②右手と左足をまっすぐ伸ばす

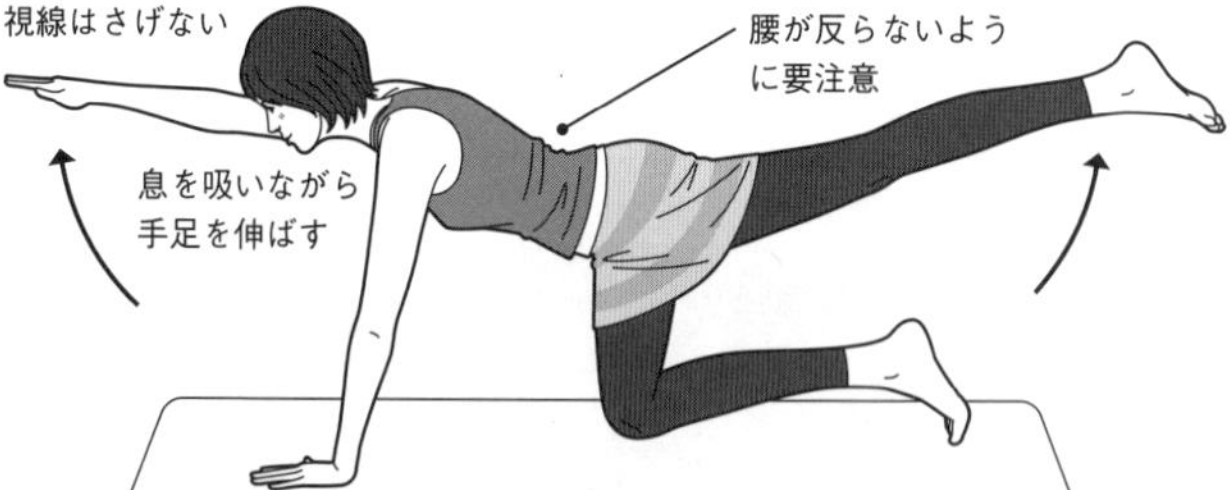
視線はさげない
腰が反らないように要注意
息を吸いながら手足を伸ばす

③息を吐きながら①の姿勢に戻る（ここまでで１回）。その後は反対側と交互に行う

Level ★★☆ 14 アブアイソメトリック

両ヒジとつま先で身体を支えて30秒ほど静止。簡単なポーズでも腹筋をはじめとする体幹を効果的に刺激できる。

ターゲット	胸、お腹、太もも（大胸筋、腹直筋、大腿四頭筋）
回数	30秒静止

①両ヒジと両ヒザを床につく

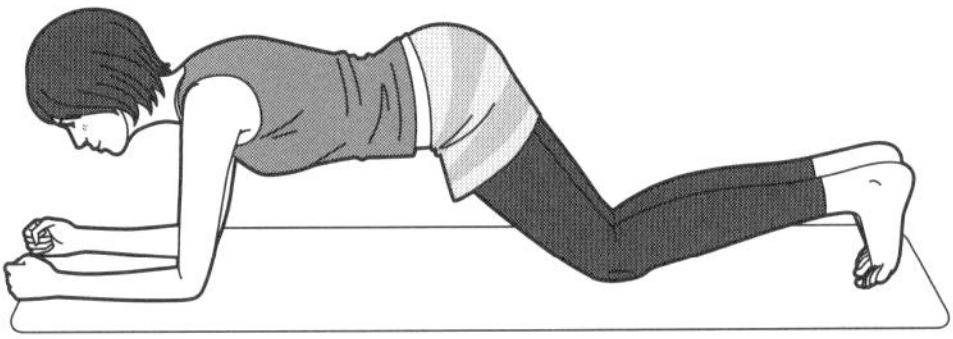

②両ヒザを伸ばして約30秒間静止する

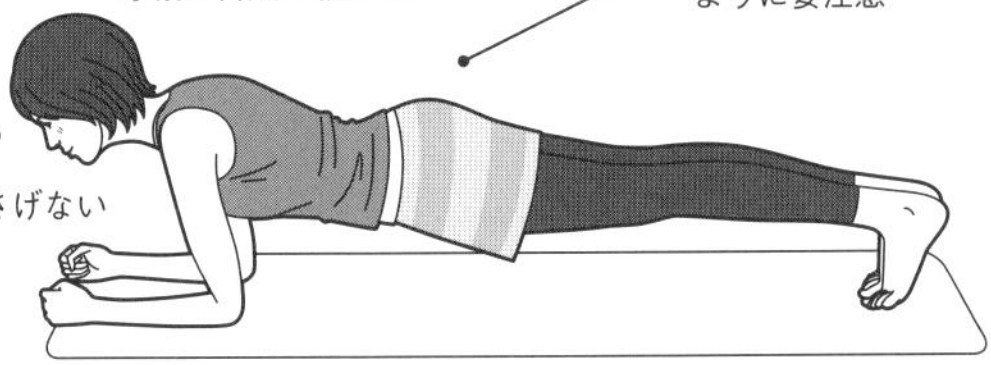
お尻がさがらないように要注意
呼吸は自然に続ける
視線はさげない

アレンジ

つらければ両ヒザを床につけて行ってもよい

Level ★★★

15 クロスチョップクランチ

通常の腹筋運動に腕の振りおろし動作と「ひねり」を加えて、わき腹も刺激。ベルトにのった贅肉が気になる人はぜひ。

ターゲット	お腹まわり（腹直筋、腹斜筋）
回数	10回

①仰向けになり、両手を頭の上に伸ばす

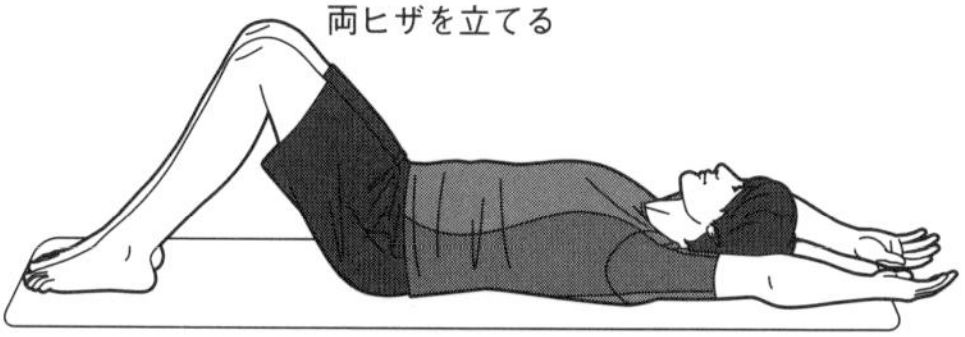
両ヒザを立てる

②右手を振りおろしながら上半身を起こす

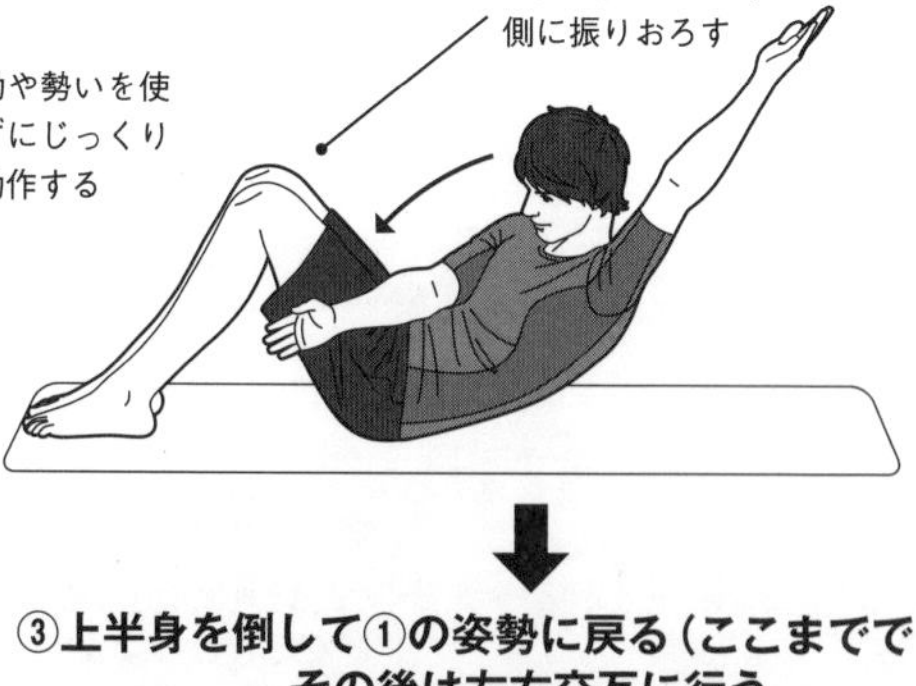
左足の太ももの外側に振りおろす
反動や勢いを使わずにじっくりと動作する

③上半身を倒して①の姿勢に戻る（ここまでで１回）。その後は左右交互に行う

Level ★★☆　16　オルタネイトボディアーチ

うつ伏せから、対角の手足をゆっくりとあげる。背中から腰にかけて、そして太ももや二の腕を同時に刺激する。

ターゲット	肩、体幹、お尻 (僧帽筋、脊柱起立筋、大臀筋)
回数	10回

①うつ伏せになり、両手足を伸ばす

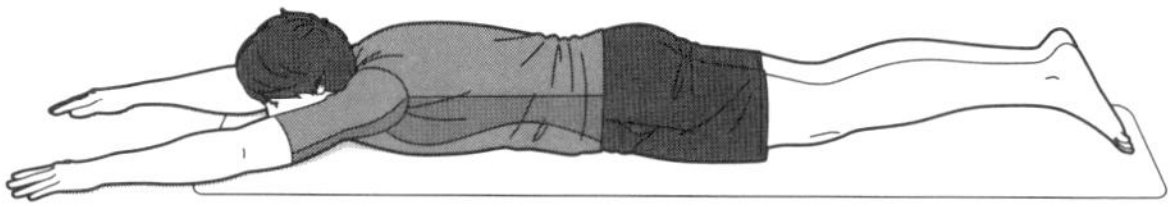

②右手と左足をあげる

手足はできるだけ高くあげる。反動や勢いは使わずにじっくりと動作すること

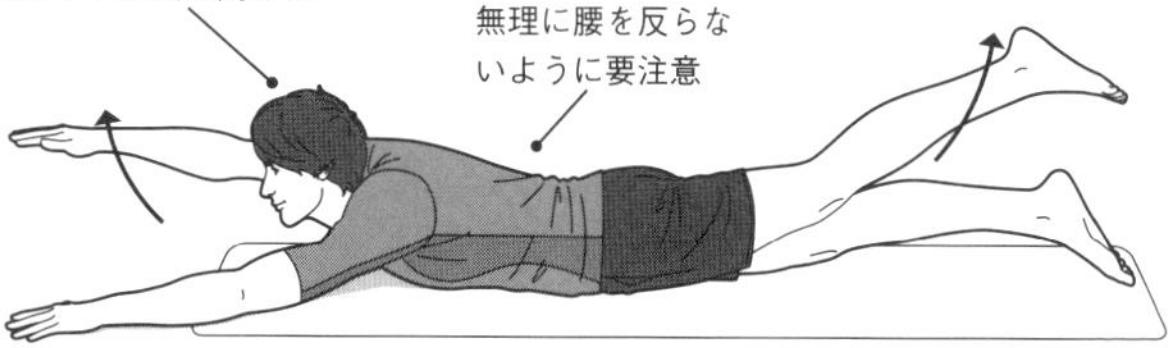
顔はやや正面に向ける

③手足をおろして①の姿勢に戻る(ここまでで1回)。その後は反対側と交互に行う

Level ★★☆

17　サイドブリッジ

対象はわき腹。アブアイソメトリック（95ページ）と組み合わせれば、ウエストまわりを総合的に引き締められる。

ターゲット	わき腹 （腹斜筋）
回数	30秒静止（左右それぞれ）

①床に横になり、右手の前腕部分で身体を支える

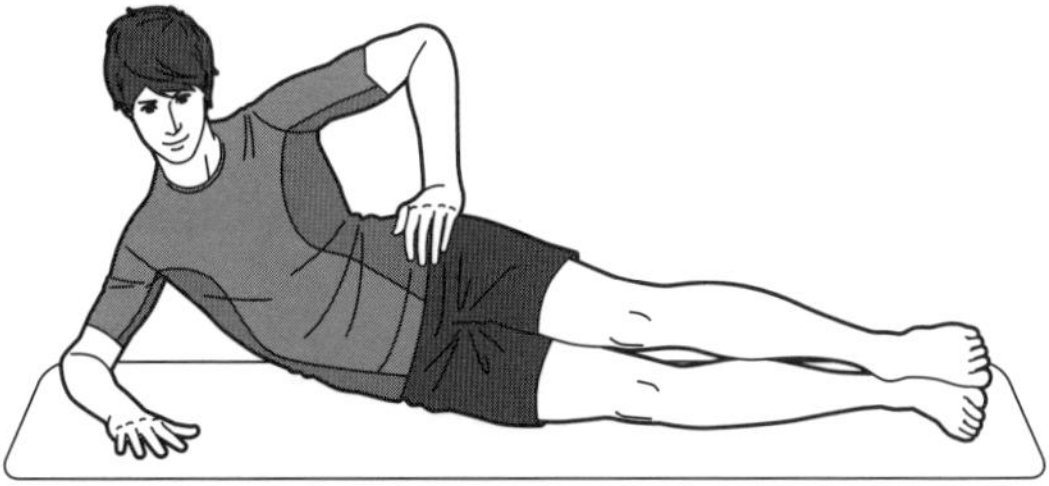

②腰を浮かせて約30秒静止する

③腰を沈ませて①の姿勢に戻る。反対側も行う

Level ★★☆ 18 レッグレイズ

仰向けの姿勢から両足を上下に動かす。シンプルな動作ながら下腹をピンポイントで刺激。ベッドの上でもできる。

ターゲット	お腹、太もも （腹直筋、大腿四頭筋）
回数	10回

①仰向けになり、足をあげる

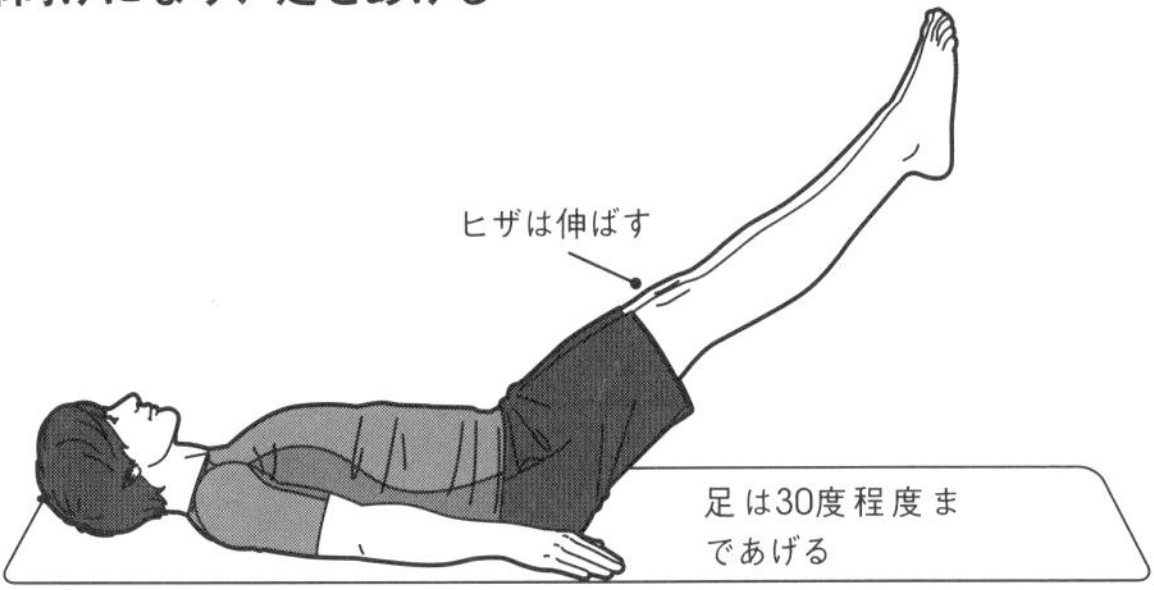
ヒザは伸ばす
足は30度程度まであげる

②ゆっくりと足をおろす

アレンジ
つらければ片足ずつ上下させてもOK

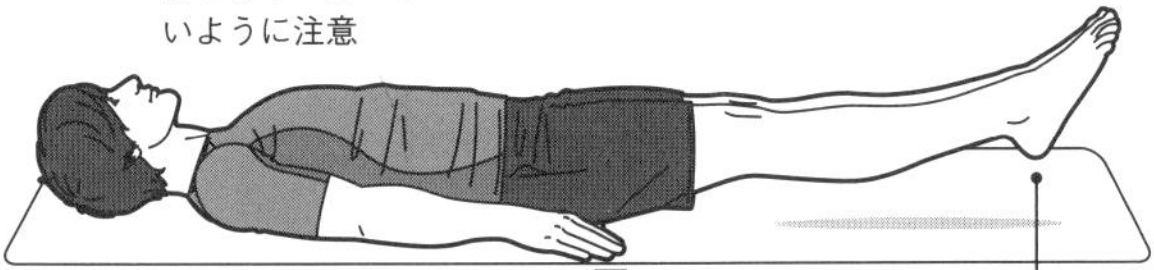
肩や背中が浮かないように注意
カカトは床につけない

③足をあげて①の姿勢に戻る（ここまでで1回）

Level ★★☆

19 ヒップリフト

仰向けの姿勢から腰を引きあげてヒップアップ効果を狙う。へそを天井に近づけるようなイメージで行うとよい。

ターゲット	腕、お尻（上腕三頭筋、大殿筋）
回数	10回

①仰向けになり、クッションを両ヒザで挟む

クッションを強く挟み込みながら行う

手のひらでバランスをとる

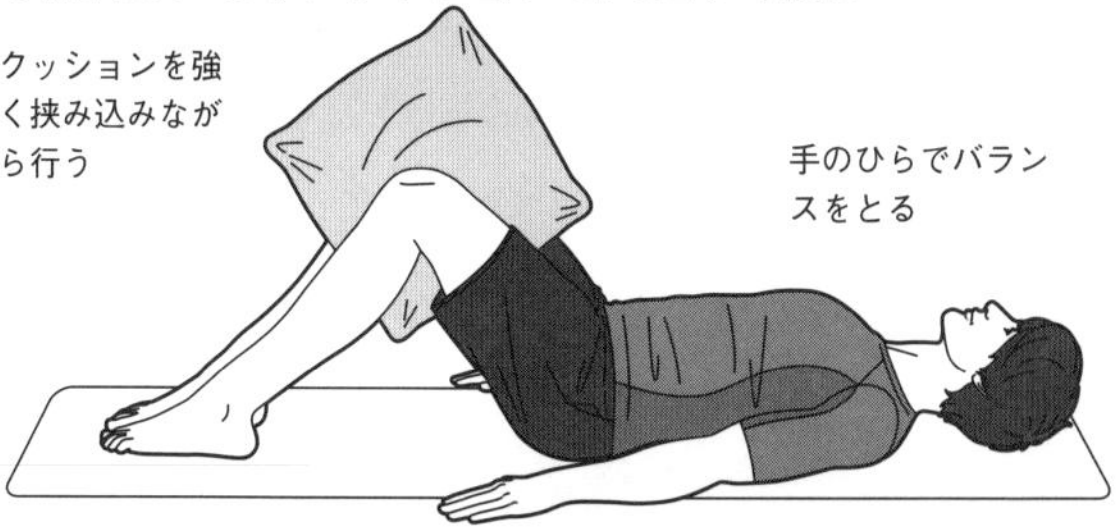

②ゆっくりと腰をあげる

アレンジ

カカトの位置をお尻に近づけると負荷が弱まる

反動や勢いは使わない。また、腰を反らないように要注意

カカトは床につけたまま

③腰をさげて①の姿勢に戻る（ここまでで1回）

Level ★★★ 20 トランクキープバックキック

両ヒジで身体を支えて片足を上下に動かす。腹筋をはじめ、全身を強化できる体幹系トレーニングの決定版。

ターゲット	お腹、お尻、太もも (腹直筋、大臀筋、大腿四頭筋)
回数	回数10〜12回(左右それぞれ)

①両ヒジとつま先で身体を支える

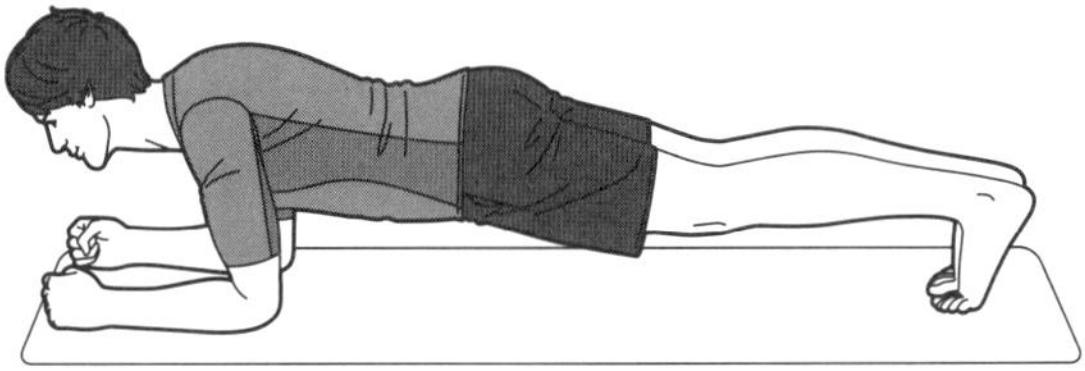

②ゆっくりと右足をあげる

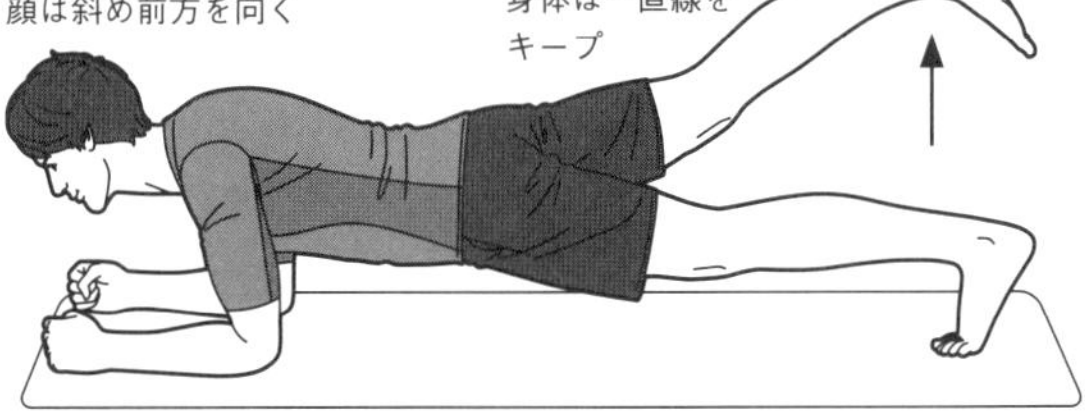

③右足をおろして(つま先は床につけない)①の姿勢に戻る(ここまでで1回)。一定回数行ったら左足も行う

Level ★★☆

21 プッシュ&ターン

腕立て伏せの動作に、片手をあげる動きをプラス。連動する動作で、わき腹周辺も効果的に刺激する。

ターゲット	胸、腕、お腹まわり（大胸筋、上腕三頭筋、腹斜筋）
回数	10回（左右交互に）

①腕立て伏せの姿勢をとる

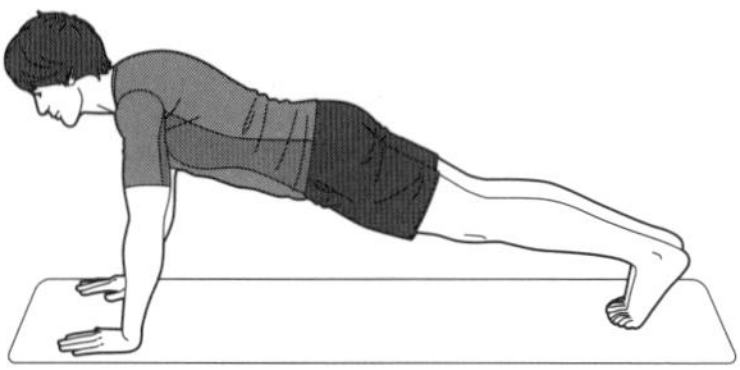

②両ヒジを曲げて沈み込む

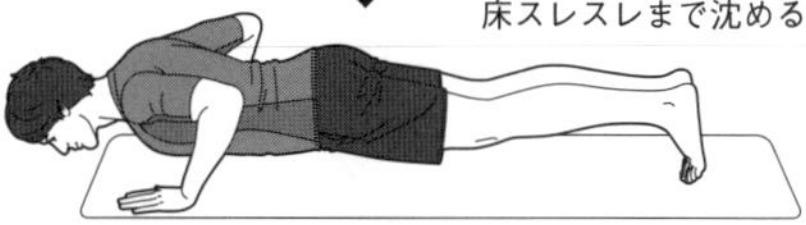
床スレスレまで沈める

③起きあがり、①の姿勢に戻ったあと、左手をあげて右手で身体を支える

手はまっすぐ高く
視線は指先
全身を一直線に
キープ

④腕をおろして①の姿勢に戻る（ここまでで１回）。その後は反対側と交互に行う

Level ★★★ 22 シングルレッグプッシュアップ

片足をあげたままで行う、レベルの高い腕立て伏せ。腕や胸に加えて、太ももも鍛えることができる。

ターゲット	胸、腕、太もも（大胸筋、上腕三頭筋、大腿四頭筋）
回数	10〜12回（左右それぞれ）

①腕立て伏せの姿勢から左足をあげる

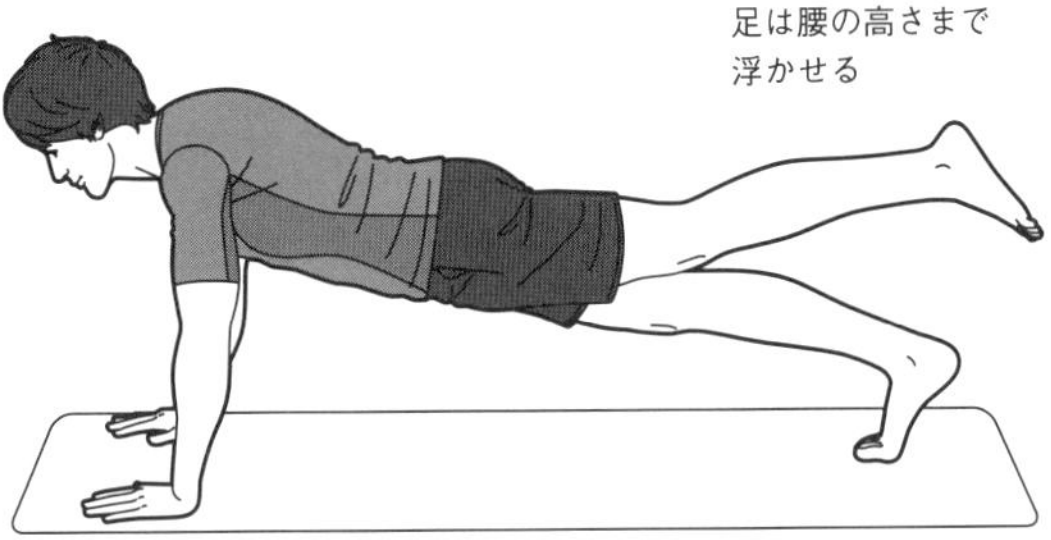
足は腰の高さまで浮かせる

②両ヒジを曲げて沈み込む

アレンジ
両手の下に分厚い本などを置いて行うと、可動域が広くなり、レベルがあがる

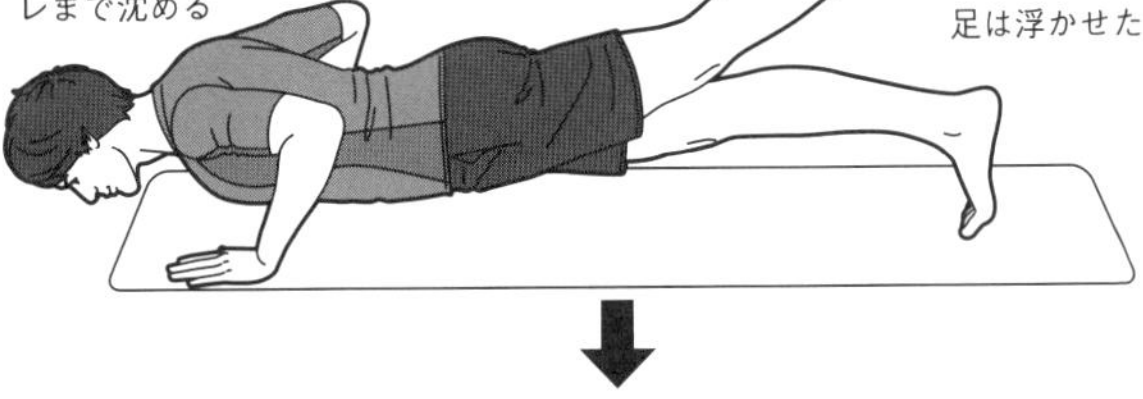
腰が反らないように注意
上半身を床スレスレまで沈める
足は浮かせたまま

③両ヒジを伸ばして①の姿勢に戻る（ここまで1回）。一定回数行ったら右足をあげて行う

Level ★★☆

23 ニーホールドクランチ

仰向けで片足を抱えた姿勢から、上半身をヒザに引き寄せて背中や腕を鍛える。股関節のストレッチの効果もある。

ターゲット	背中、腕、お腹（広背筋、上腕二頭筋、腹直筋）
回数	10回（左右それぞれ）

①仰向けになり、左足を両手で抱える

右足はまっすぐ
伸ばす

②上半身を起こして胸を左ヒザに近づける

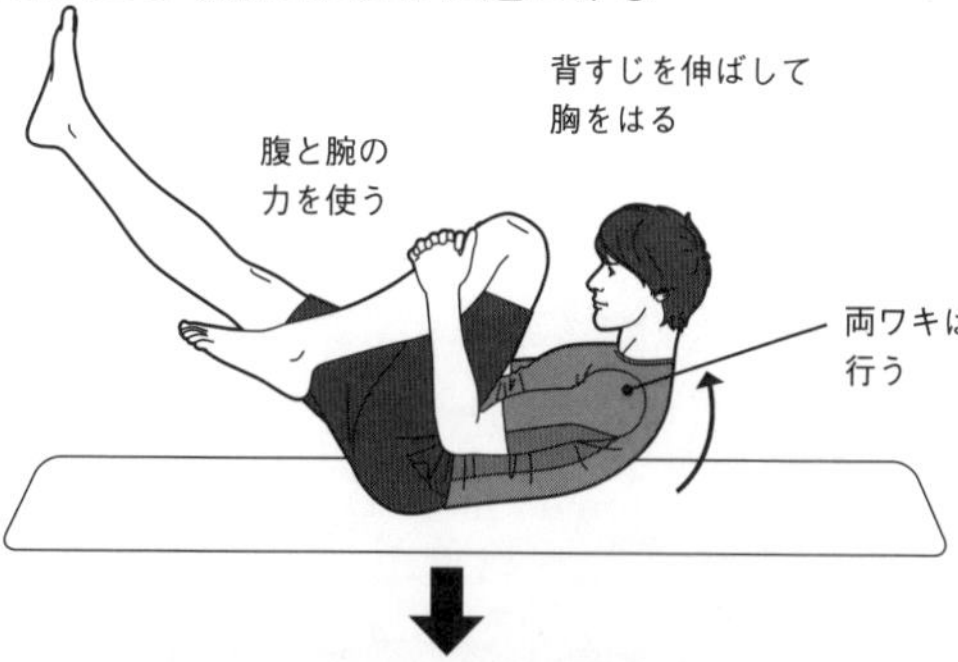
背すじを伸ばして
胸をはる
腹と腕の
力を使う
両ワキは締めて
行う

③上半身を倒して①の姿勢に戻る。一定回数行ったら右足を抱えて行う

Level ★★★ 24 ナロープッシュアップ

通常の腕立て伏せよりも両手の間隔を狭めて、胸や腕を効果的に鍛える。たくましい胸板や二の腕がほしい人はぜひ。

ターゲット	胸、腕 （大胸筋、上腕三頭筋）
回数	10〜12回

①両手の間隔を狭めて、腕立て伏せの姿勢をとる

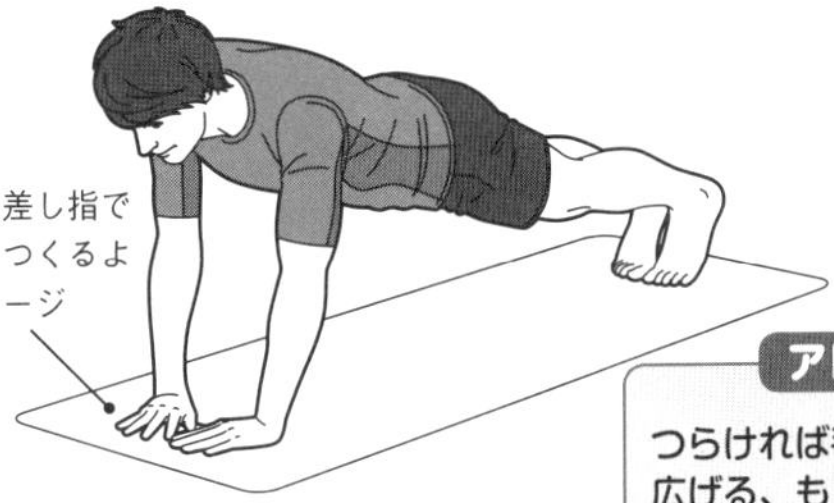
親指と人差し指で
三角形をつくるような
イメージ

アレンジ
つらければ手の間隔を少し広げる、もしくは両ヒザを床について行ってもよい

②両ヒジを曲げて沈み込む

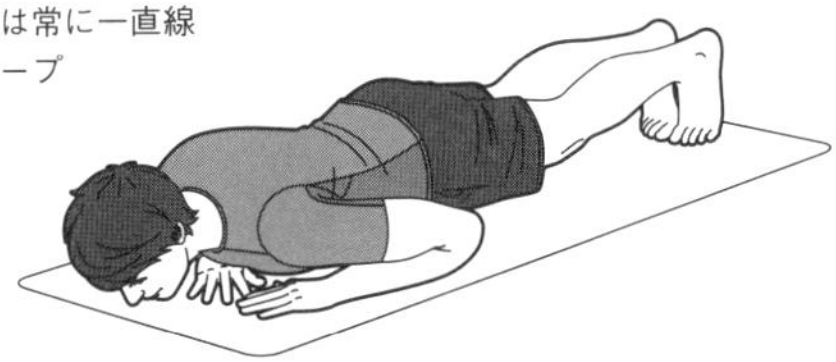
身体は常に一直線
をキープ

③両ヒジを伸ばして①の姿勢に戻る
（ここまで1回）

Level ★★☆ 25 シーテッドチューブロウ

座ってチューブを引き、背中の筋肉を鍛える。チューブの長さは終了後に筋肉の張りを感じる程度に調整を。

ターゲット	背中、腕 （広背筋、上腕二頭筋）
回数	10回

①長座姿勢になり、チューブを両足に引っかける

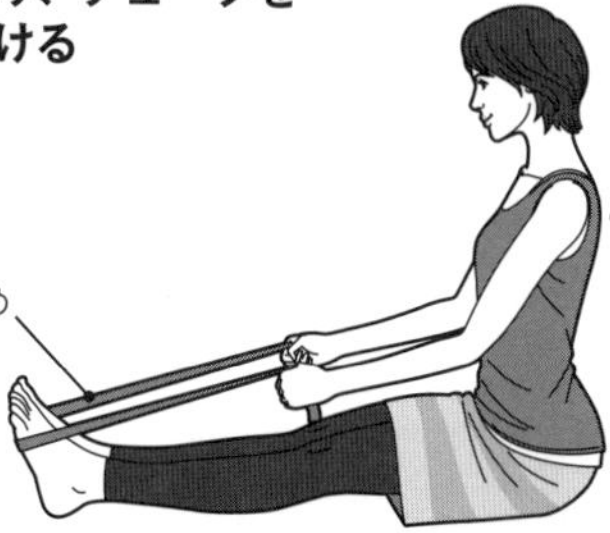
常に背すじを伸ばして上半身は固定する
チューブの強度は高めのほうがおすすめ

②チューブを後ろに引く

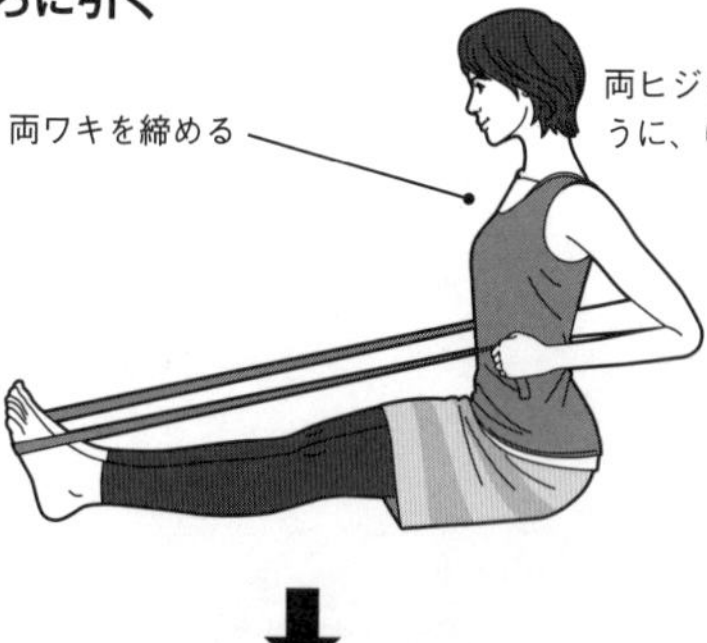
両ワキを締める
両ヒジを真後ろへ引くように、ゆっくりと行う

③ヒジを伸ばして①の姿勢に戻る（ここまで1回）

Level ★★☆　26　チューブリアレイズ

チューブを引きあげることによって肩の筋肉を効果的に刺激する。逆三角形の上半身を目指したい人におすすめ。

ターゲット	肩 （三角筋、僧帽筋）
回数	10回

①足を前後に開き、前足でチューブを引っかける

常に背すじを伸ばして上半身は固定する

少し前かがみで行う

チューブの長さは終了後に筋肉の張りを感じる程度に。やや弱めのものがおすすめ

②両腕をやや斜め前に大きく広げる

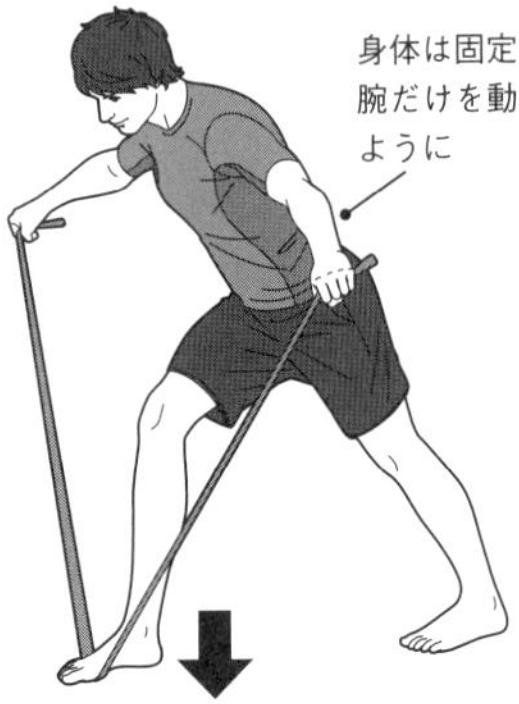

身体は固定して、腕だけを動かすように

肩まわりの筋肉を意識し、反動や勢いを使わずにじっくりと動作する

③両腕をさげて①の姿勢に戻る（ここまで1回）

COLUMN

筋トレ直後の30分は食事のゴールデンタイム!

「筋トレをする人に食事制限は必要なし」。これが私の基本的な考えです。とはいえ、食事についても少し意識をすれば、 さらに筋トレの効率を高めることができます。

基本は余分な炭水化物の量を抑えつつ、筋肉の強化に有効な乳製品や赤身の肉、大豆食品などの良質なタンパク質を優先する食事を摂るようにすること。炭水化物はウドンよりもソバ、白米よりも玄米というようにGI値の低いものを選ぶのもポイントです。

また、筋トレと食事のタイミングについては、「筋トレのあとに食事」が理想。もしくは「食後しばらくしてから筋トレ」と考えてもよいでしょう。とくに「今日は気合入れてがんばるぞ!」という日には筋トレの2時間前までに、ソバやもち、全粒粉を使ったパンなどの消化・吸収の遅い炭水化物を摂るようにすることをおすすめします。また、中華料理やファーストフードなどの脂質の多いものを食べたければ、筋トレの4時間前までには食事をすませておくように。脂質の多い食事を摂ると、一酸化窒素の働きによって筋肉に送り込まれる血液の量が少なくなり、筋トレの効果が低下してしまいます。

このように、ちょっとお腹がすいた状態で筋トレをしたら、次は食事の時間です。とくに筋トレ直後の30分間はゴールデンタイム。このタイミングで適切に栄養素を補給できると、筋肉の成長を促すことができるとともに、疲労回復も促進してくれます。「運動直後でそんなに食欲がわかない」というのであれば、アミノ酸入りのスポーツドリンクやサプリメントを。タンパク質を多く含む豆腐やチーズなども効果的です。

なお、飲み物は、糖分たっぷりのスポーツ飲料よりも、紅茶やウーロン茶がおすすめ。これらは異化ホルモン(筋肉を分解してしまう作用)のレベルをコントロールし、飲むと筋肉の成長に役立つとされています。

PART 5

5分からでOK！
実践プログラム

01 あなたの体力レベルはどれくらい？

さぁ、ここからは実際に筋トレを行ってみましょう。

でも、その前に、自分の今の体力（筋力）が、どのくらいのレベルにあるのか気になりませんか。そこで、まず「2ステップテスト」と「ファンクショナルリーチ」という、二つの体力測定方法をご紹介します。体力測定にはいろいろな方法がありますが、この二つはどちらも厚生労働省が国民の健康づくり対策として行っている「健康日本21」でも採用されていて、簡単な方法で体力を測れる優れものです。1カ月ごとなどに定期的に行えば、自分の進歩がわかり、それがモチベーションアップにもつながるでしょう。

〈2ステップテスト〉

バランスを崩さないように注意しながら、できる限り大きく2歩歩き、その歩幅で下半身の筋力や柔軟性を測定します。滑りにくい場所で、動きやすい格好をして測定してください。用意するものは、メジャーと計算用の電卓、できれば養生テープもあると便利です（なければスタートラインとゴールラインに印をつけるものであればなんでもOK）。実施方法は次の通りです。

①床にスタート地点の印をつけて、両足のつま先をそろえて立つ。
②反動をつけずに可能な限り大股で2歩歩き、2歩目の位置に両足をそろえて立ち止まる。
③スタート地点から最終位置（2歩目）のつま先までの距離をcm単位で測定する。mm単位は四捨五入する。
④2回測定し、よいほうの測定距離を身長（cm）で割って数値を算出する（小数点第3位以下は四捨五入）。

数値は高いほうが下半身の筋力が強いということ。この測定方法は、ロコモティブシンドローム（加齢などにより要介護になるリスクが高まる状態のこと）対策としても実施されていて、日本整形学科学会は112ページの下の表のように年代別の平均的な数値を発表しています。この数値よりも低い人は要注意です。

2ステップテスト

①床に印をつけて、つま先をそろえて立つ

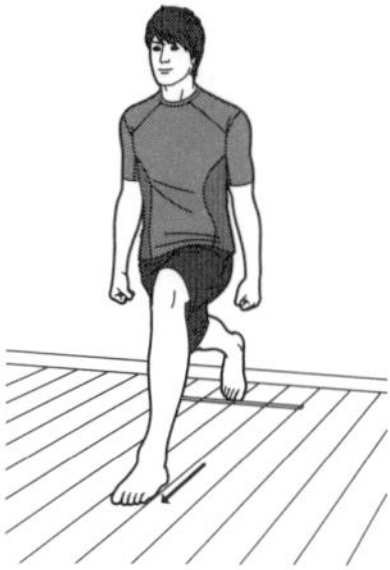

②できるだけ大きく片足を前に踏み出す

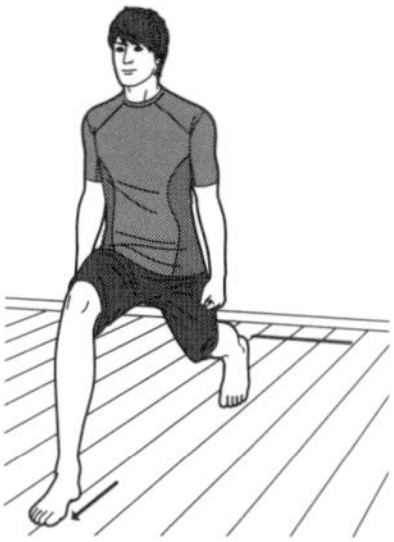

③続けて、できるだけ大きく逆の足を出す

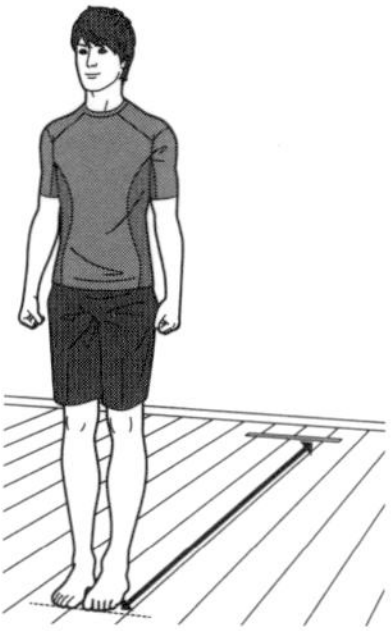

④両足をそろえて止まり、進んだ距離を測定する

評価数値＝測定距離（cm）÷身長（cm）

2ステップテストの年代別平均値

年代	男性	女性	年代	男性	女性
20〜29歳	1.64〜1.73	1.56〜1.68	50〜59歳	1.56〜1.61	1.48〜1.55
30〜39歳	1.61〜1.68	1.51〜1.58	60〜69歳	1.53〜1.58	1.45〜1.52
40〜49歳	1.54〜1.62	1.49〜1.57	70歳〜	1.42〜1.52	1.36〜1.48

〈ファンクショナルリーチ〉

２ステップリーチが主として下半身の筋力を測定するものであるのに対して、この「ファンクショナルリーチ」は上半身の筋力を測定するものです。

立った状態から、バランスを崩さないように、どのくらい上半身を前傾できるかを測ることで、バランス能力とともに全身の筋力の目安を知ることができます。実施する際にはメジャーを用意して壁の前で行います。

方法は次の通りです。

①壁に対して横向きに、両足を軽く開いて立つ。両腕を肩の高さまであげる。

②その状態の指先を０cmとして、足を動かさずに腕をまっすぐ前にあげたまま、できるだけ前方に両手を伸ばす（つま先立ち可）。バランスを保てる地点までの指先の距離をcm単位で測定する。

③ゆっくりと開始姿勢に戻る

④２回測定し、よいほうの計測結果を自分の数値とする。

なお、注意点として、壁に寄りかかったり、身体をねじったり、前に踏み出すのはＮＧ

です。そのような場合は、再度測定を行ってください。また、測定中にバランスを崩すこともよくあるので、転倒などでケガをしないように、安全には気をつけて実施するようにしましょう。

「ファンクショナルリーチ」では、数値は高いほうがバランス能力と全身の筋力が優れているということです。この方法も「2ステップテスト」と同様に、ロコモティブシンドローム対策の一環としても実施され、中央労働災害防止協会の指標では左ページの下の表のように5段階で評価されます（数字が大きいほうが高評価）。

なお、高齢者の場合、測定値が25㎝以上の人に対して15㎝未満の人は転倒の危険が4倍あるとされています。

このようなテストを行うと、自分の体力の衰えに驚くかもしれません。でも、筋肉は年齢や性別に関係なく、「鍛えたら鍛えたぶんだけ強化される」という公式が成り立つ、単純明快な構造をしているのでご安心を。体型づくりはもちろん、体力向上のためにも、早速、筋トレにとりかかりましょう。

ファンクショナルリーチ

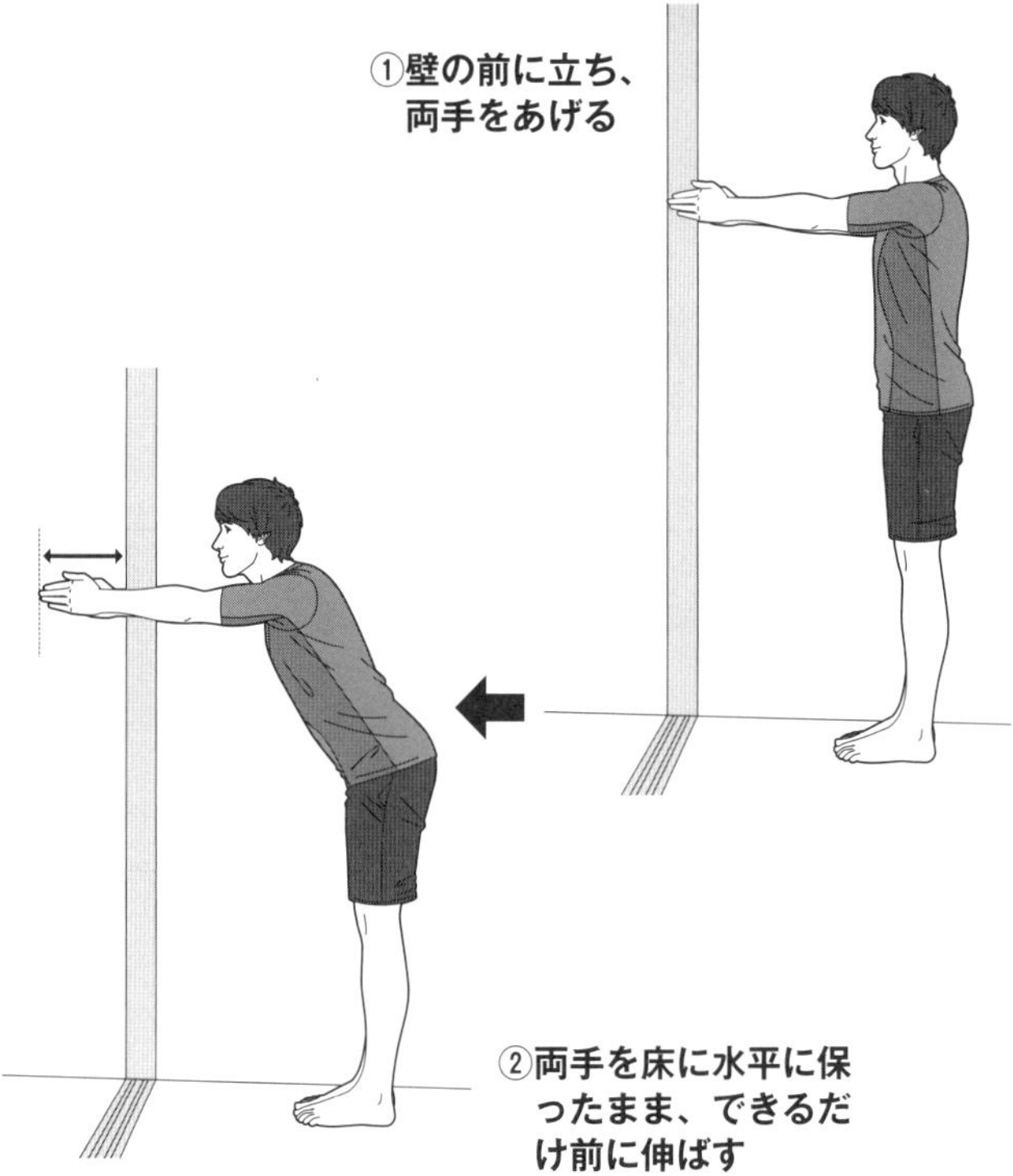
①壁の前に立ち、
両手をあげる
②両手を床に水平に保ったまま、できるだけ前に伸ばす

③伸ばせた距離を測定する。その距離がそのまま指標になる。右の五段階が評価の目安

評価	数値
1	～19cm
2	20～29cm
3	30～35cm
4	36～39cm
5	40cm～

02 目的別ちゃっかりトレーニングプログラム

理想の体型づくりのための筋トレは、**いくつかの種目を組み合わせて行うのが基本**。本書ではさまざまなニーズにお応えできるように14のコースを用意しました。自分にピッタリのコースがあれば、そのまま行ってみてください。もちろん、「まずはストレッチ系を多めにやることから始めよう」、「筋トレに慣れてきたから、そろそろ別の種目にも挑戦してみよう」などとアレンジするのも大歓迎。できること、得意なことから始めるのも、筋トレを続けるテクニックの一つですし、パート4（75ページ～）で紹介した種目から自由に選んでいただいても構いません。その場合は、目標をしっかり定めて、ターゲットとなる部位を意識して選ぶとよいでしょう。たとえば、「厚い胸板を手に入れたい」のなら、「細マッチョコース（132ページ）」に、さらに追い込む「ナロープッシュアップ（105ページ）」を加えるといった具合です。ただし、欲張りは禁物。あれもこれもやろうとすると、結局、面倒になってしまいがちなので要注意です。なお、本パートで紹介しているコースには、それぞれ、「所要時間」、「セット数」、「ペース」、「期間」を掲載しています。コースに限らず、筋トレの基本として各項目は次のようにお考えください。

●所要時間&セット数

セット数は無理なくできるところから始めて、身体が慣れてきたら増やすのが基本です。たとえば本書内で「2〜3セット」とある場合、まずは2セットから始め、1〜2カ月して「もう少しハードにできそう」と手応えを感じたら、3セット行うようにします。ただし、あくまでも目安であり、最初は1セットでも構いませんし、できるのであれば4セット行ったほうがより効果も期待できます。

所要時間はセット数やインターバルによって変わりますが、できるだけ、**まとまった時間を確保して行うほうがベター。**「朝にアームリフト（86ページ）、夜にプッシュ&ターン（102ページ）」などとわけて行うと、効果が目減りしてしまいます。また、**各種目間（セット間も含む）のインターバルは30〜90秒が目安です。**「テレビを見ながらでCMになったら筋トレをする」という細切れ実施的な方法も、無理なく続けるためにはアリですが、

「努力対効果」を意識するなら、まとめて行ったほうがよいでしょう。

より高い効果を得るためには、**できるだけ同じ時間帯に行うのもポイントの一つです**。そうすることで、体内でリズムが生まれ、筋肉の発達に関係する成長ホルモンの分泌が活性化してきます。本来、もっとも効果的なのは、交感神経がもっとも活性化している午後2時から5時くらいの間だといわれています。ただし、その時間帯に行うのは難しいでしょうから、私はよく夕食から1~2時間後の入浴前の時間帯をおすすめします。

なお、同じ種目を数セット行う場合は、**連続してではなく、次の種目に移ってコース内の種目が一巡してから、もとの種目に戻るようにします（サーキット式）**。身体が慣れてきて、「もう少しハードにしたい」という場合は、連続して行う回数を増やすのではなく、セット数を増やすようにしてください。

●ペース

基本としたい実施ペースは2日に1回です。これは、筋肉が強くなる仕組みである「超回復（72ページ）」と関係しています。ただし、無理をしても続かないだけなので、「まずはマイペースで理想の体型の土台をつくりたい」、「なかなか筋トレの時間をとれない」という場合は、1週間に3回というようにアバウトな予定配分でも構いません。もちろん、予定していた日にできなくてもあきらめる必要はありません。1〜2日のリカバリーはすぐにできます。ただし、間隔のあけすぎには要注意。どんなにハードな筋トレでも1週間に1回のペースでは筋肉に与えた刺激（テンション）がもとに戻ってしまい、あまり効果が期待できないものになってしまいます。

●期間

一般的には**筋トレの効果がはっきりと現れる目安は3カ月**とされていて、本パートで紹介しているコースも、多くは「期間は3カ月」となっています。これは筋肉を組成している細胞が生まれ変わる間隔が3カ月周期のため。ただし、いくら効果が現れたからといって、そこでやめてしまうと、もとの身体に戻ってしまいます。筋トレは長く続けることが大前提。無理なく実施できる範囲で最大の効果を出し続けられるよう、少しずつ工夫しながら自分に合ったやり方を見つけてください。

気軽に体験

お試しコース

◆**所要時間**：５分
◆**セット数**：１セット
◆**ペース**：２日に１回（毎日でもＯＫ）
◆**期間**：１〜２週間

「これなら続きそうだからちょっとやってみようかな」、「自宅で道具を使わない筋トレってどんなことをするの？」と思ったら、まずはこのコースにチャレンジを。自宅でも、仕事の休み時間でも、ちょっとしたスキマ時間で、手軽に行うことができます。

このコースのおもな目的は、体型づくりのために身体を動かす感覚を知ることです。難しく考える必要はなく、とりあえずやってみて、「なるほど筋肉に効いているな」と思えればＯＫです。

「手軽」といっても、これまで運動をまったくしてこなかった人は、少しキツく感じるかもしれません。そんな場合にも、心配する必要はまったくありません。このような運動をコンスタントに続けていけば、徐々に身体や筋肉が慣れてきて、体力（筋力）がついていきます。残念ながら、知識だけでは、筋肉はつきません。本書をちょっと横に置いて、早速、トライしてみましょう。

1

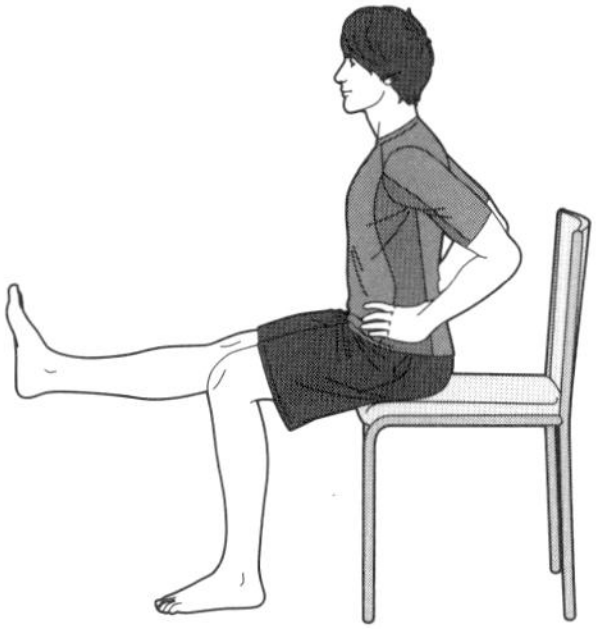

レッグエクステンション
（85ページ）

2

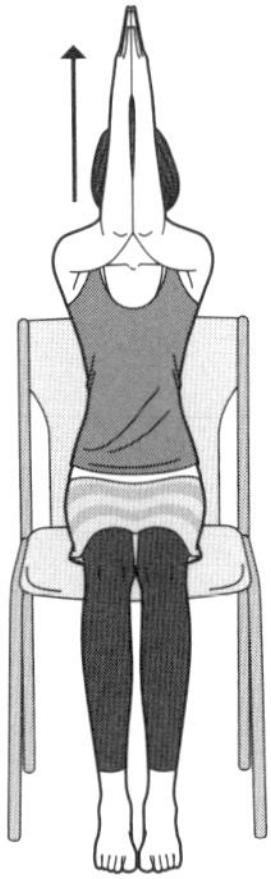

アームリフト
（86ページ）

3

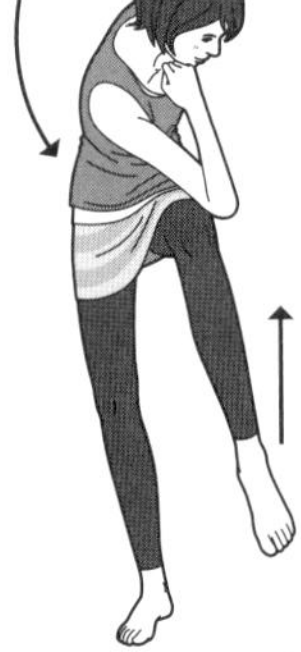

ニートゥエルボー
（91ページ）

筋トレの基本

- 回数よりも正しいフォームで行うことを優先する
- 刺激している筋肉を意識する
- 呼吸は自然に
- 大きな動きでゆっくりと

速効

短期体感コース

◆所要時間：15分
◆セット数：2～3セット
◆ペース：2日に1回
◆期間：2週間

このコースの期間は2週間ほど。短期間、「努力対効果」の高い筋トレを行ってみて、**「これならやれそう」という体感と自信を得ることを目的としています。**

実施するペースは1日おき。それが難しいようであれば、もう少しペースを落として、1週間に3回でも構いません。

本書で紹介している種目の対象は、どれも日常生活ではあまり意識して使えていない、いわば眠っている筋肉です。そのような筋肉を、このコースを行って適度に刺激して起こしてあげることにより、体脂肪を燃焼させやすい身体の土台ができあがります。実際に身体を動かして、「体型づくりのための筋トレ」の感じをつかめたら、自分の目的に応じて、124ページから紹介している各コースに進みましょう。

また、「できるだけ、少ない努力で、いまの体型をキープしたい」という人は、このコースを続けても、効果を得ることはできます。

1

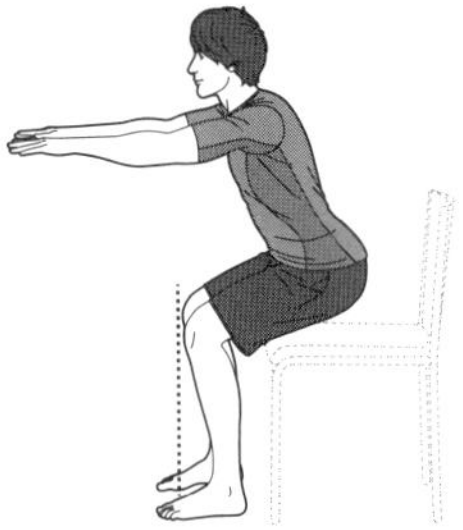

チェアースクワット
（90ページ）

2

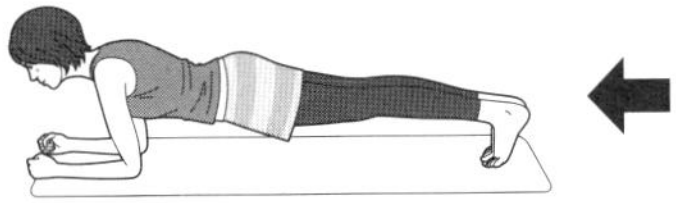

アブアイソメトリック
（95ページ）

3

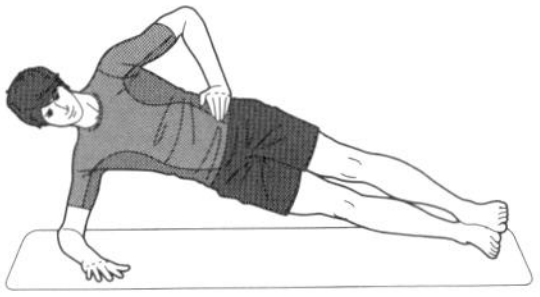

サイドブリッジ
（98ページ）

4

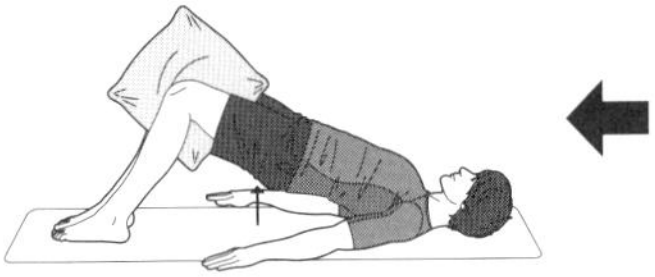

ヒップリフト
（100ページ）

筋トレを続けるヒント

回数には必要以上にこだわらない。
初めはできる範囲でOK。

オフィスで実践

体型キープコース

◆所要時間：5～15分
◆セット数：1～2セット
◆ペース：週に3回
◆期間：3カ月

筋トレをずっと続けるためには、スキマ時間を上手に活用して、無理なく普段の生活に取り入れることが大切です。**昼食時などのオフィスでの休憩時間も、じつは筋トレのチャンスタイム**。「家に帰ると子どもの面倒をみなくてはいけない」、「ちょっとした運動で運動不足を解消したい」というような人も、このコースをぜひ。

「アームリフト（86ページ）」や「レッグエクステンション（85ページ）」はイスに座った状態で、それぞれ上半身、下半身の筋肉を効率的に鍛えられる優れもの。「ハンズアップスクワット（89ページ）」は広い場所を必要としませんし、下半身のみならず、体幹も鍛えられます。このような運動をオフィスで定期的に行えば、筋肉が鍛えられて、体脂肪増加の予防に役立ちます。また、「肩のストレッチ（82ページ）」は肩コリ予防にも役立ちます。

身体を動かすことで、気分のリフレッシュもされ、それからの仕事もはかどるというもの。まわりに迷惑をかけるような激しい運動はありませんので、ぜひ行ってみてください。

1

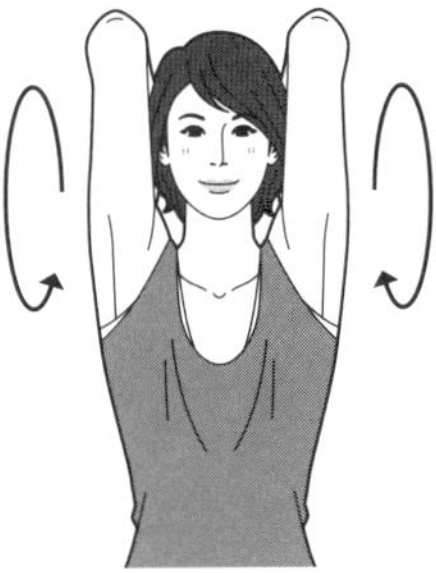

肩のストレッチ
(82ページ)

2

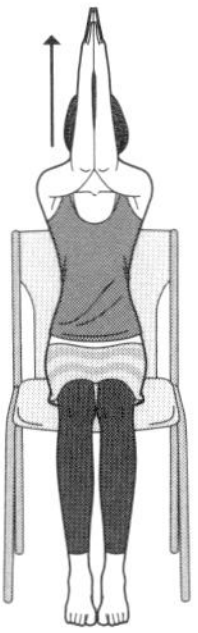

アームリフト
(86ページ)

3

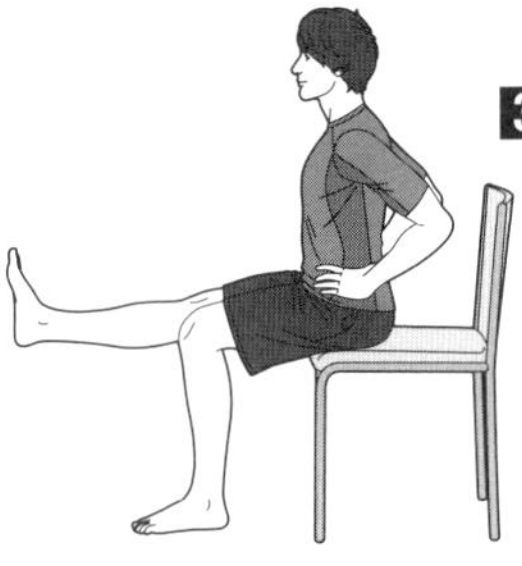

レッグエクステンション
(85ページ)

4

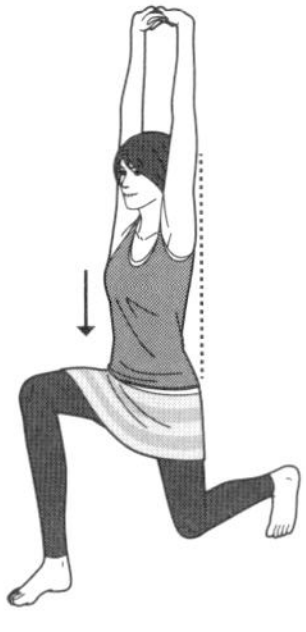

ハンズアップスクワット
(89ページ)

おすすめ追加メソッド

タッチトゥトゥズ(92ページ)

これを続ければOK

基本の体脂肪燃焼コース

◆所要時間：10〜20分
◆セット数：1〜3セット
◆ペース：2日に1回
◆期間：3カ月

「引き締まった、メリハリのある身体」を手にいれるための、もっともベーシックな筋トレが本コースです。「どのコースをやるべきか迷ってしまう」という人や、「全身を鍛えたい」、「運動不足を解消したい」という場合にも、このコースがおすすめです。

セット数は2セットを基本に、体力に自信がない人は1セット、自信がある人は3セットを行うように。頻度は2日に1回の実施が難しければ、1週間に3回でも構いません。

はっきりとした効果は3カ月ほどで現れます。私が指導している会員の皆さんのなかにも、ときに「効果が現れなくて……」という人がいますが、原因を探っていくと、たどりつくのが、「間違ったやり方（フォームや動作スピード等）で行っている」か、もしくは「もともとやっていない（嘘の申告をしている）」かのどちらかです。筋トレで筋肉と体脂肪のバランスを整え、理想の体型になるのは、シンプルにいえば、やったぶんだけ効果がある、単純な物理作用です。正しい方法で着実に行えば、必ず結果がついてきます。

1

ハンズアップスクワット
（89ページ）

2

タッチトゥトゥズ
（92ページ）

3

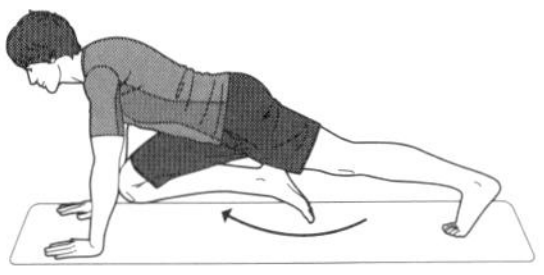

ニートゥチェスト
（93ページ）

4

フライングドッグ
（94ページ）

おすすめ追加メソッド

アブアイソメトリック（95ページ）
ヒップリフト（100ページ）

お腹を凹ます

ウエスト集中コース

◆**所要時間**：10～20分
◆**セット数**：1～3セット
◆**ペース**：2日に1回
◆**期間**：3カ月

お腹まわりはとくに体脂肪がつきやすい部位。少し油断するだけで、すぐに贅肉が目立つようになってしまいます。ポッコリお腹はもちろん、ベルトのうえにお肉がのっているのも、カッコいいものではありませんし、メタボリックシンドロームの原因にもなります。**「お腹まわりを集中的にスマートにスッキリさせたい！」。このコースはそんなあなたのためのものです**。「くびれをつくりたい」という女性にもおすすめです。

お腹まわりの筋トレといえば、一般的な腹筋運動に代表されるように、お腹の真ん中にある腹直筋を対象に考えがちです。でも、筋トレは「表をやったら裏」というように、バランスよく行うのが基本です。その点、このコースでは、腹直筋を中心に鍛える「アブアイソメトリック（95ページ）」や、わき腹にも効く「サイドブリッジ（98ページ）」などで、お腹まわりを多面的に鍛えることができます。実施の際には対象となる、お腹の筋肉を意識しながら、行うようにしましょう。

1

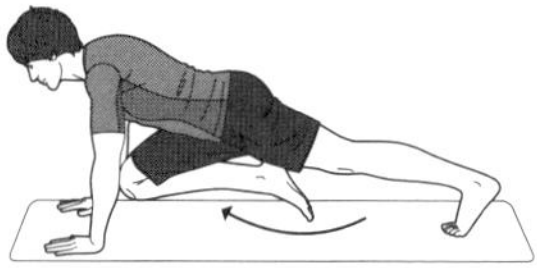

ニートゥチェスト
（93ページ）

2

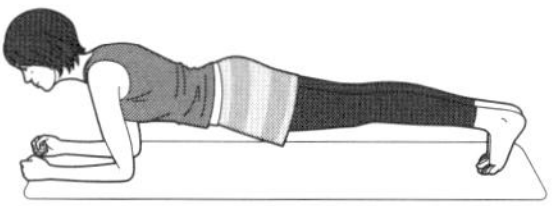

アブアイソメトリック
（95ページ）

3

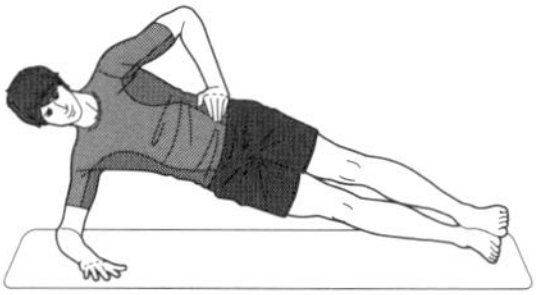

サイドブリッジ
（98ページ）

4

レッグレイズ
（99ページ）

筋トレを続けるヒント

筋トレの効果は見た目でチェック。体重にこだわるとなかなか続かない。お腹まわりが気になる人も定期的に鏡の前で自分の体型を確認しよう。

腹筋を割る

シックスパックコース

◆所要時間：15～30分
◆セット数：2～4セット
◆ペース：2日に1回
◆期間：3カ月

人間は欲張りですから、筋トレの効果が現れると、きっと「もっと、よい身体になりたい」と思うでしょう。お腹まわりに関していえば、六つに割れた腹筋（いわゆるシックスパック）に憧れている人が多いようです。難しいように思うかもしれませんが、腹筋を割るのは意外と簡単。もともと、どんな人でも皮下脂肪の下にある腹筋は割れているので、「①腹筋の筋肉量を増やす」、「②皮下脂肪を薄くする」という二つのポイントをおさえれば、自ずと腹筋は割れてくるのです。「クロスチョップクランチ（96ページ）」や「トランクキックバックキック（101ページ）」は、腹筋はもちろん、体幹などの強化にも役立つ複合的な種目であり、**本コースを行えば、六つに割れた腹筋を手に入れることができます**。

なお、お腹まわりの筋肉である腹直筋や腹斜筋には、ほかの筋肉にくらべて疲労や損傷からの回復が早いという特徴があります。ですので、「1日に筋トレを行える時間に限りがある」という場合は、1セットを毎日行うという選択肢もあります。

1

クロスチョップクランチ
（96ページ）

2

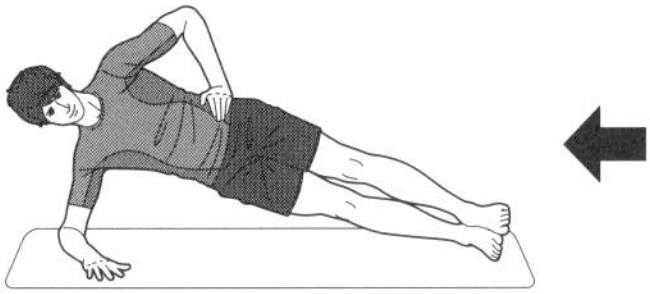

サイドブリッジ
（98ページ）

3

レッグレイズ
（99ページ）

4

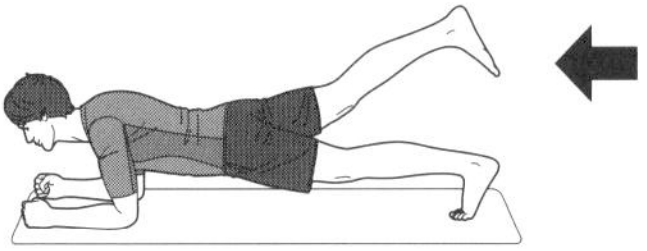

トランクキープバックキック
（101ページ）

おすすめ追加メソッド

ニートゥチェスト（93ページ）
ニーホールドクランチ（104ページ）

胸板を厚く

細マッチョコース

◆**所要時間**：15〜30分
◆**セット数**：2〜4セット
◆**ペース**：2日に1回
◆**期間**：3カ月

絞られたウエストに分厚い胸板。**いかにも強い男性らしい「細マッチョ」へと最短距離で目指す**なら、胸や腕と同時に体幹も鍛える「プッシュ&ターン（102ページ）」や「シングルレッグプッシュアップ（103ページ）」など、少しレベルの高い複合的な種目を取り入れるのが正解です。

実施ペースは2日に1回。「基本の体脂肪燃焼コース（120ページ）」などでは、同じ2日に1回が基本ながら、週に3回でも効果は得られますが、本コースはそれよりもレベルの高い人を対象としています。もちろん無理は禁物ですが、できるだけ1日置きにコンスタントに実施するように心がけましょう。

おすすめ追加メソッドは、どちらもチューブを使用したものです。本書では基本的に道具を必要としない筋トレを紹介していますが、チューブがあると効率がさらにあがります。それほど高価なものではないので、より効率を求めるのであればぜひ。

1

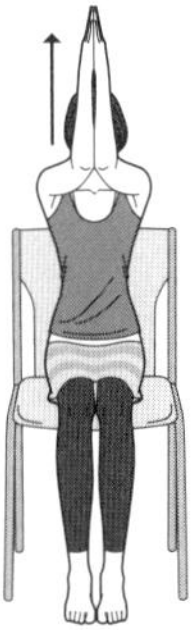

アームリフト
（86ページ）

2

プッシュ＆ターン
（102ページ）

3

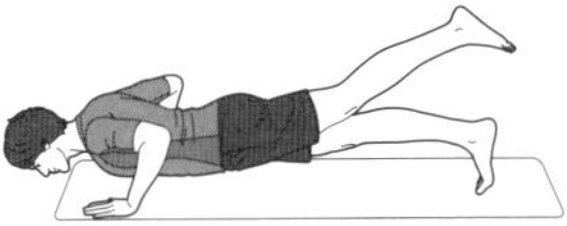

シングルレッグプッシュアップ
（103ページ）

4

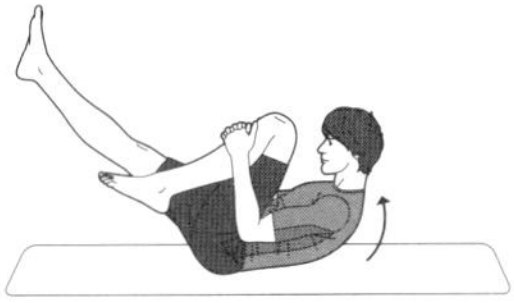

ニーホールドクランチ
（104ページ）

おすすめ追加メソッド

シーテッドチューブロウ（106ページ）
チューブリアレイズ（107ページ）

マッチョを目指す

マッスルボディコース

◆所要時間：30～40分
◆セット数：3～4セット
◆ペース：2日に1回
◆期間：6カ月

このコースは自宅の環境のなかで、できる限り、**筋骨隆々のマッチョな体型を目指すもの**。本書で紹介しているなかで、もっともレベルの高いコースです。テレビで見る格闘家やアクション映画の主人公のようなカッコいいマッチョなボディを目指す場合も、1回につき30分以上かけてじっくりと取り組めば、自宅での筋トレだけでもかなりの手応えを得ることができるのです。

注意したいのは、「ハードなトレーニングだから……」と数をこなすことばかり気にしてしまい、一つひとつの動きがスピード重視になってフォームが崩れてしまうこと。筋トレの基本は、大きな動きで、ゆっくりと行うことであることをお忘れなく。また、筋骨隆々といえば、どうしても上半身に目がいきがちですが、下半身も鍛えないと見た目のバランスも悪くなってしまいますし、トレーニングの質が高まっていきません。「レッグバランス（88ページ）」や「チェアースクワット（90ページ）」などでしっかりと鍛えましょう。

1

レッグバランス
（88ページ）

2

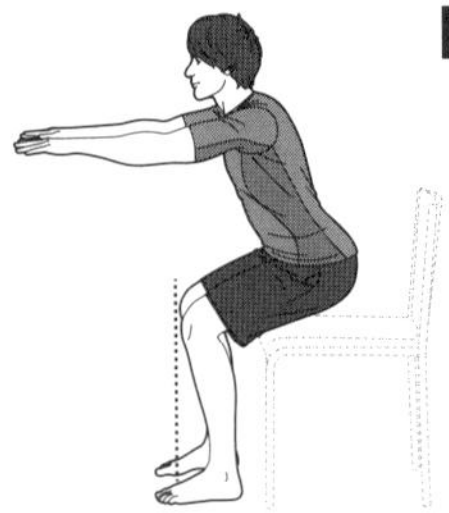

チェアースクワット
（90ページ）

3

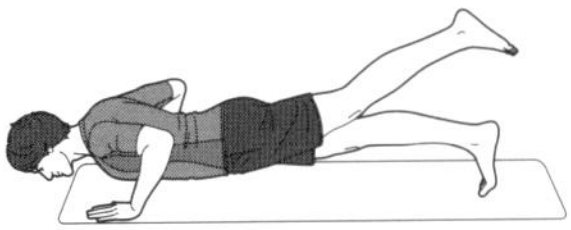

シングルレッグプッシュアップ
（103ページ）

4

ナロープッシュアップ
（105ページ）

5

シーテッドチューブロウ
（106ページ）

6

チューブリアレイズ
（107ページ）

おすすめ追加メソッド

サイドブリッジ（98ページ）
ニーホールドクランチ（104ページ）

夏までにやせる

短期集中コース

◆所要時間：15〜30分
◆セット数：2〜4セット
◆ペース：2日に1回
◆期間：1カ月

筋トレによって太りにくい身体につくりかえるには、ある程度の時間を必要とします。その目安は3カ月。でも、なかには「そんなに待てない」という人もいるかもしれません。「夏までに水着が似合う身体になりたい」、「1カ月後の結婚式までにきれいなドレスを着こなせるスタイルになりたい」という**期日が迫った目標も、絶好のチャンスととらえましょう**。できるだけ効率よく理想の体型を手に入れるためには、大きな筋肉を鍛えることが近道です。その理由は見た目に占める割合が大きく、基礎代謝量の向上に直結するから。なかでも、ここで注目したいのは、もっとも体積の大きい筋肉がある、太ももやお尻です。「チェアースクワット（90ページ）」などでしっかりと刺激しましょう。

また、非常手段の一つとして、本コースでは食事にも気をつけてもよいかもしれません。炭水化物（糖質）の摂りすぎに気をつけ、大豆や乳製品などの高タンパク低カロリーの食事を意識すると、筋トレとの相互作用によって短期間で成果が現れる可能性が高まります。

1

レッグバランス
（88ページ）

2

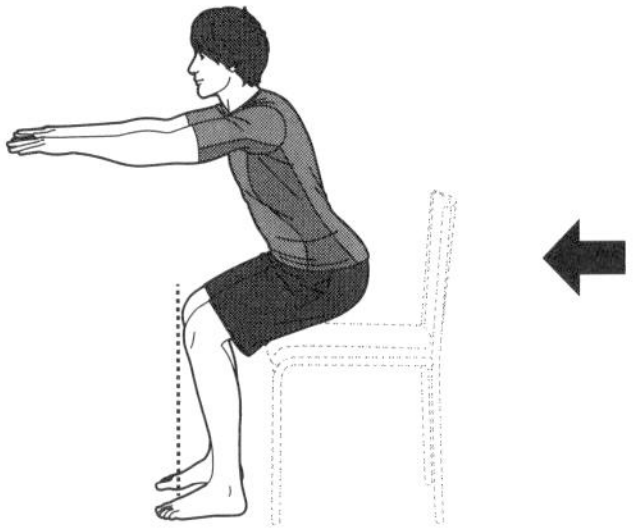

チェアースクワット
（90ページ）

3

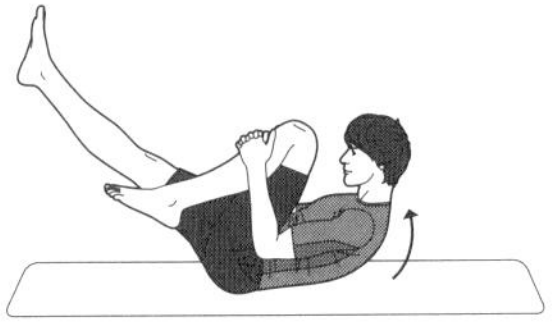

ニートゥチェスト
（93ページ）

4

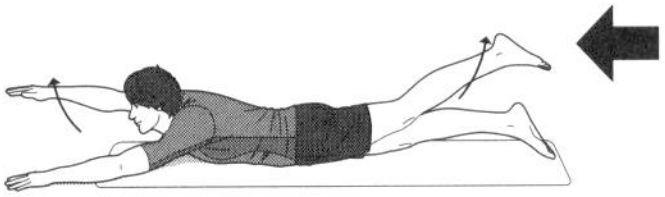

オルタネイトボディアーチ
（97ページ）

おすすめ追加メソッド

アブアイソメトリック（95ページ）
ヒップリフト（100ページ）

週末を有効活用

土日集中コース

◆所要時間：20～40分
◆セット数：2～4セット
◆ペース：土日
◆期間：3カ月

「平日はどうしても時間がとれないから、できるだけ週末に集中して行いたい」という人はこのコースを。できれば一日おき程度で実施し、筋肉の「超回復（72ページ）」を上手に利用しながら行うのが筋トレの理想ですが、週末に重点的に行うスタイルでも、やり方を工夫することで成果に結びつけることができます。

身体が慣れてきたら、少し多めのセット数をこなすのがポイント。できれば、ある程度まとまった時間をかけて、4セット行うのが理想です。

おすすめ追加メソッドの「レッグバランス（88ページ）」と「ニーホールドクランチ（104ページ）」も積極的に取り入れましょう。

また、間隔があいて身体がもとの状態に戻ってしまうのをカバーするために、平日にもできる範囲で補足的に実施することをおすすめしたいところです。もちろん、週末ほどハードに行う必要はありません。時間がなければ、1セットでもよいでしょう。

1

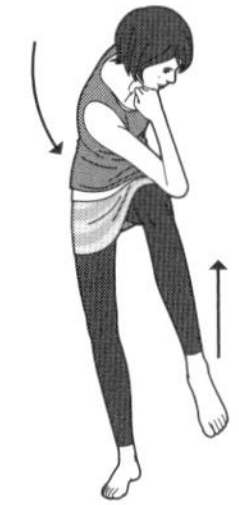

ニートゥエルボー
（91ページ）

2

タッチトゥトゥズ
（92ページ）

3

フライングドッグ
（94ページ）

4

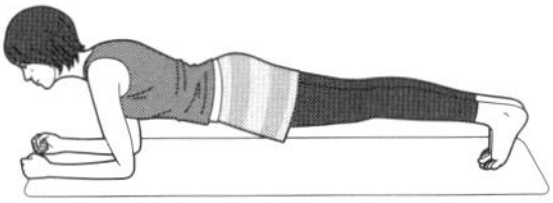

アブアイソメトリック
（95ページ）

おすすめ追加メソッド

レッグバランス（88ページ）
ニーホールドクランチ（104ページ）

運動能力を高める

体幹トレーニングコース

◆**所要時間**：10〜20分
◆**セット数**：2〜3セット
◆**ペース**：2日に1回
◆**期間**：3カ月

筋トレのメリットは理想の体型をつくれるだけではありません。スポーツのパフォーマンスをあげることにも役立ちます。**本コースはスポーツを趣味としている人のためのもの。**基本的には、どのスポーツにも有効ですし、もちろん体脂肪燃焼にも効果があります。

本コースに含まれているのは、体幹を強化するものがメインです。体幹とは、身体の中心にあたる部位を指し、具体的には腹直筋などのお腹の筋肉、脊柱起立筋などの背中の筋肉をはじめ、上・下半身のスムーズな動きの連動性や安定性を高めるための胴体部の筋肉を指します。スポーツのパフォーマンスをアップするためには、身体の軸の強さが欠かせません。そこで、コアとなる部分（体幹）を強化しようというわけです。

「もっとスポーツがうまくなりたい」というのも、大切なモチベーションです。その気持ちを忘れなければ、きっと筋トレは続けられます。142ページではゴルファーのためのコースも紹介していますので、ぜひご覧ください。

1

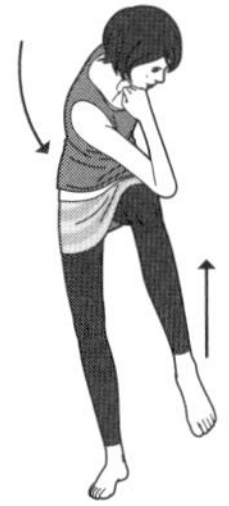

ニートゥチェスト
(93ページ)

2

フライングドッグ
(94ページ)

3

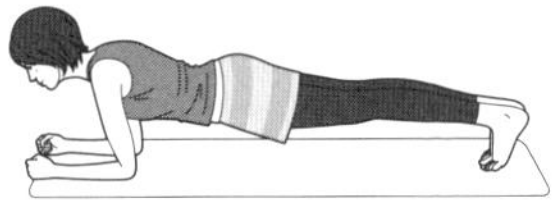

アブアイソメトリック
(95ページ)

4

サイドブリッジ
(98ページ)

おすすめ追加メソッド

ヒップリフト(100ページ)

飛距離を伸ばす

ゴルファーコース

◆所要時間：20〜30分
◆セット数：2〜3セット
◆ペース：2日に1回
◆期間：3カ月

「もっとドライバーの飛距離を伸ばせれば、スコアが伸びるのに……」。ゴルファーなら、皆さんそう思うでしょう。そんな願いも筋トレで実現することができます。

行うのは、主として身体の中心部分である、体幹を強化する筋トレ。飛距離を伸ばすために、まずは軸をしっかりと固めようというわけです。軸が固まると、飛距離のみならず、スイングの正確性も増します。

また、「タッチトゥトゥズ（92ページ）」や「プッシュ＆ターン（102ページ）」といった種目は、ゴルフのスイングに直結する、身体をひねるときに使われる筋肉を効果的に刺激します。野球のバッティングやピッチング、テニスや卓球のスイングなどにも共通していて、そのパフォーマンスアップにも役立つでしょう。

わき腹周辺の筋肉は日常生活ではあまり使われない部位。本コースはスリムなお腹まわりの実現にも役立ちます。

1

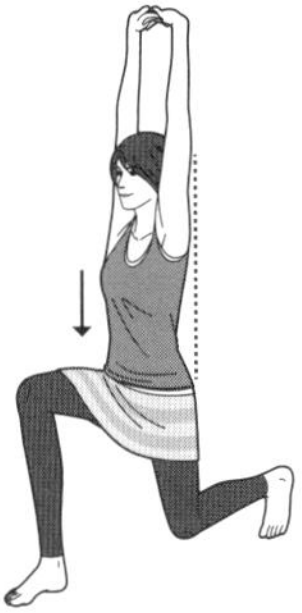

ハンズアップスクワット
（89ページ）

2

タッチトゥトゥズ
（92ページ）

3

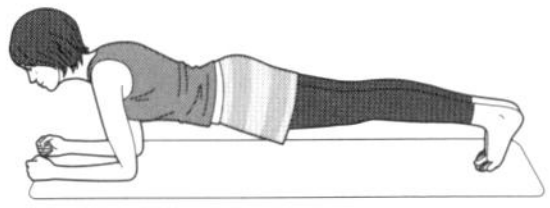

アブアイソメトリック
（95ページ）

4

プッシュ＆ターン
（102ページ）

おすすめ追加メソッド

太ももの裏のストレッチ（84ページ）

すっきりした脚に

美脚コース

◆**所要時間**：15～20分
◆**セット数**：2～3セット
◆**ペース**：週3回
◆**期間**：3カ月

「足が太くて水着姿に自信がない」、「お尻の位置がさがってきて全体のバランスが悪い」など、下半身のスタイルに自信が持てない人はたくさんいます。女性はもちろん、男性からの「もっとスリムなジーパンを履きたい」という要望もよく耳にします。そんな場合は、ぜひこのコースにチャレンジしてください。自宅で道具を使わない筋トレでも、特定の部分をターゲットにすることは可能なのです。

「筋肉がつくと、逆に太くなるのでは？」と思うかもしれませんが、そんなことはありません。無理な食事制限でダイエットをしてしまうと、お尻と太ももの筋肉がそげ落ちて、どうしても加齢を感じさせてしまいます。それに対して、筋トレでは太ももの筋肉（大腿四頭筋やハムストリング）を引き締め、ヒザまわりの余分な肉を落としていきます。こうすれば、太もも全体の太さはそれほど変わらなくても、**はっきりと美脚・脚長効果が現れますし、今まではけなかった細みのパンツもスッと入るようになります。**

1

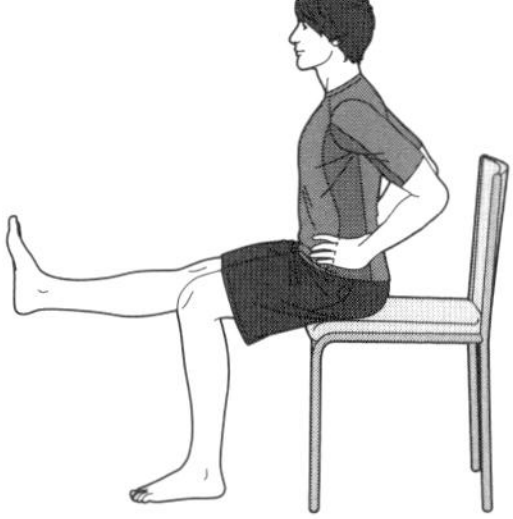

レッグエクステンション
（85ページ）

2

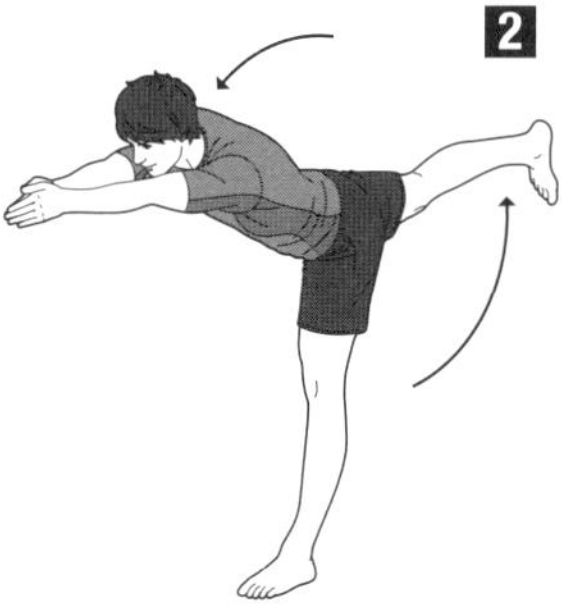

レッグバランス
（88ページ）

3

レッグレイズ
（99ページ）

4

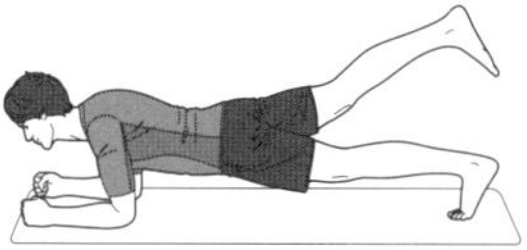

トランクキープバックキック
（101ページ）

おすすめ追加メソッド

タッチトゥトゥズ（92ページ）

二の腕を細く

腕やせコース

◆所要時間：15〜20分
◆セット数：2〜3セット
◆ペース：週3回
◆期間：3カ月

私の知り合いに、「二の腕を見れば、その人の実年齢がわかる」という人がいます。それだけ、日頃の活動量や筋肉の衰えなど、身体の状態が現れやすい部位ということでしょう。二の腕は、お腹などと同様に、加齢とともにたるみやすい部位といえます。そんな**二の腕のたるみが気になる人は、本コースにチャレンジを**。

キツいようであれば、無理をする必要はありません。「アームリフト（86ページ）」で腕をあげる高さはできる範囲で構いませんし、「アームバックエクステンション（87ページ）」は足の位置を身体に近づけることによってレベルを落とすことができます。身体が慣れるまでは、回数を少なくしてもよく、セット数は1セットでもOKです。終わったあとに二の腕に張りを感じることを目安に考えましょう。

本コースに含まれている種目は、二の腕の筋肉を鍛えると同時に、肩周辺の筋肉を刺激するため、肩コリが気になる人にもおすすめです。

1

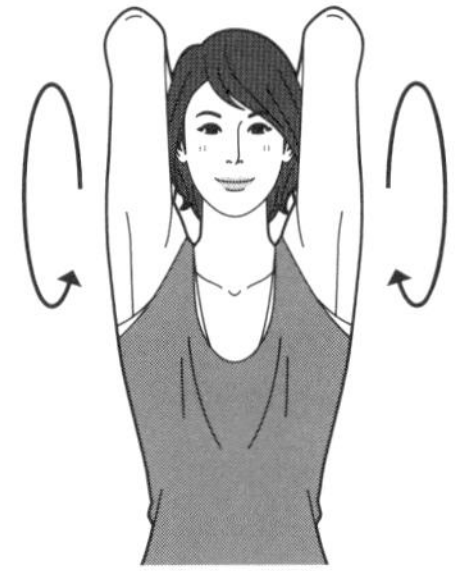

肩のストレッチ
（83ページ）

2

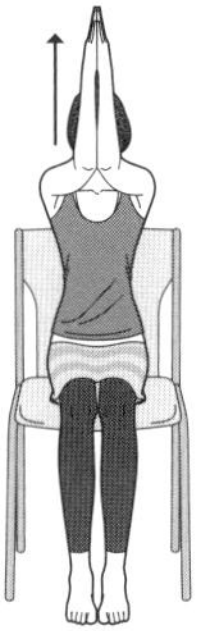

アームリフト
（86ページ）

3

アームバックエクステンション
（87ページ）

4

フライングドッグ
（94ページ）

筋トレを続けるヒント

特定の部位をターゲットにできるのも筋トレの特長。
目指す理想の体型は具体的にイメージしよう。

5分のストレッチで筋トレの効率アップ&疲労回復

「ストレッチが健康によいのはわかるけれど、理想の体型づくりには関係ないでしょ?」と思うかもしれません。でも、この考えは間違い。じつは筋トレの前後にはストレッチを行うのが理想です。

まずは、筋トレの前に行うウォーミングアップストレッチについて。その目的には、「ケガの予防」、「関節の可動域を広げる」、「筋温のアップ」などがあります。ここで、とくに注目したいのが筋温のアップ。筋肉の温度は通常37度前後ですが、ストレッチなどで身体を動かして、 血量を増やすと、その温度を上昇させることができます。理想の筋温は39度くらい。この状態になると身体の機能が高まるので、ちょっとハードな筋トレも行いやすくなります。時間でいえば、温かい(暑い)季節は2~3分、涼しい(寒い)季節は4~5分が目安です。

続いて筋トレのあとに行うクールダウンストレッチ。おもな目的は「使った筋肉の疲労回復」で、こちらのほうがより重要です。というのも、筋トレをすると刺激している部位に多くの血液が流れますが、急に運動を止めると、集まった血液がその部位に留まってしまうから。これは貧血の原因になります。そこで、ストレッチをすることによって、留まった血液を心臓に戻すというわけです。さらに、血流を促すことで筋肉内の疲労物質を除去し、疲労の回復に役立つ働きもあります。考え方としては筋トレでおもに使った筋肉をゆっくりと伸ばすのが基本で、時間は5分で十分。

いずれも具体的な行う種目については、難しく考える必要はありません。本書でも「肩のストレッチ(82ページ)」などを紹介していますし、それ以外なら、大きく肩回し、軽く前屈、上体そらし、屈伸、アキレス腱伸ばしや、おなじみのラジオ体操などの経験のあるもののなかから「気持よい」と感じるものをやればOKです。

PART 6

理想のボディラインをゲット！　成功体験記

CASE 01

自己流の筋トレの限界を痛感 筋トレをするなら、これが正解

Kさん（39歳・男性・会社員［造園業］）の場合

◆身長&体重

176cm　75kg→72kg

◆基本メニュー

①ハンズアップスクワット（89ページ）→②トランクキープバックキック（101ページ）→③レッグレイズ（99ページ）→④オルタネイトボディアーチ（97ページ）

◆ペース

2セット、1回30分、週3回

◆効果

お腹まわりの贅肉がとれて、筋肉質の体になった

Kさんは、もともと自分の体型を気にしてきたタイプ。これまでも「自宅で筋トレをしたことがある」そうで、「ヨガマットやダンベルも所有している」とのことでした。ということは、基礎体力があるのはもちろん、運動することの楽しさや必要性についても体験的に身についているのでしょう。そこで、負荷が軽めのものと高いものとをバランスよく織り交ぜながら、お腹まわりを引き締めることを第一に、体脂肪が燃えやすい身体をつくるコースを実施していただきました。今では目標の身体を手に入れ、「これなら続けられる」という未来への手応えも感じているようです。

〈Kさんのコメント〉

●開始時の目標

これまでも自分の人生は、「贅肉が気になる↓自己流の筋トレをする↓効果が現れてスマートになる↓満足して筋トレをやめてしまう↓贅肉が気になり始める」というサイクルの繰り返し。40歳も間近になり、また身体のたるみが気になり始めた頃に、森先生の筋トレと出会い、迷わず挑戦を決意しました。ジムに通わなくてもトレーナーがついているように助言してもらえるのは、まさに自分が求めているものでしたから。目標は、「以前のスリムだった頃の服を着たい」という見た目に関することだけではなく、**「プロ野球のイチロー選手のようにしなやかに動ける身体になりたい」という思いもありました。**自分は造園業という身体を動かす仕事をしているので「機能性も高められれば」と考えたわけです。

●トレーニング内容

基本メニュー（右ページ）に加えて、「タッチトゥトゥズ（92ページ）」と「サイドブリッジ（98ページ）」もやりました。あわせて柔軟性を増すために、「肩のストレッチ（82ページ）」、「太ももの裏のストレッチ（84ページ）」というストレッチもやっています。それを2セット、1回につき30分で、週に3回を基本として行っています。

回数をこなそうと思うと、どうしても1回1回の動作がスピード重視になるのですが、「筋トレを行う際には大きな動きでゆっくりと」ということでしたので、全身が映る大きなガラスの前で、フォームが崩れないように気をつけて行っています。筋肉がついてきたことも見てわかるし、なにかに自分の姿を映しながら筋トレを行うのはおすすめです。

●効果実感

最初にメニューを見たときに、「本当にこれで効果があるのかな」と思ったことを覚えています。でも、実際にやってみると、想像以上にキツくて、翌日は筋肉痛に……。これまでの経験上、筋トレで身体を絞るのは時間がかかるというのはわかっていたし、その筋肉痛から、筋肉を使っていることを確信できたので、焦りもなくできました。

3カ月が経過した頃には、お腹がすっきりして、胸の筋肉も引き締まったようでした。少しずつですが筋肉質になってきたと感じています。ちなみに、毎朝、目安として測っていた体脂肪測定機能のある体重計の数値では、体重は3kg、体脂肪は1.5％減りました。

●今後の目標

体力的にも無理はないので、これなら続けられそうです。「運動をすることの大切さ」への意識が高くなって、通勤も車から自転車にしました。職場で3カ月後にユニフォームを新調する予定なので、できるだけ細身のものをオーダーすることが当面の目標です。今の職場はまわりが筋肉質な人ばかりなので、「自分も負けられない」と励みになっています。初めてのお客様には、「スマートだし、この人ならよい庭づくりを任せられそう」と思われる見た目でいたいので、やっぱり筋トレはやめられませんね。

〈森俊憲からのメッセージ〉

「これから先もコンスタントに筋トレをしていきたい」という気づきと自信を得ていただけたのがとてもよかったと思います。これまではあくまでもきっかけづくりの期間として、これから、また、一歩一歩前進していただければと思います。

CASE 02

筋トレした日をカレンダーにチェック 自分をあせらせて厚い胸板をゲット

Hさん（41歳・男性・自営業）の場合

◆身長&体重

181cm　71kg→69kg

◆基本メニュー

①ハンズアップスクワット（89ページ）→②アームリフト（86ページ）→③ニーホールドクランチ（104ページ）→④アームバッククエクステンション（87ページ）

◆ペース

1セット、1回20分、週3回

◆効果

お腹まわりがスリムになり、胸板が厚くなった

学生時代にバスケットボール部に所属していたというHさんは、もともと運動好き。「週末は軽いランニングや自宅で自己流の筋トレをしている」ということで、私のコースづくりでは、多少負荷は高くても、効果に直結するような種目を優先すべきと考えました。「細マッチョが目標」でしたので、上半身に厚みをつける種目を中心に選択。そのためには、胸板だけではなく、背中も鍛えて、胸囲全体を大きくすることが大切なので、それらも含めたコースに。

成果は確実に現れていますが、さらなるマッチョな肉体を目指し、今後も筋トレに励んでいくそうです。

〈Hさんのコメント〉

●きっかけ

風呂あがりに自分の身体を見て、たるんだお腹まわりが気になったのがきっかけでした。体重は以前から変わっていないのですが、身体つきがだらしないという感じで……。**これまでの自己流の筋トレでは効果があまりないということですし、ジムに入会しても長続きする自信がなかった**ので、森先生のサービスは自分にピッタリでした。きっかけは「だらしないお腹」でしたが、どうせやるなら、ずっと憧れていた厚い胸板になることを目標に設定しました。

●トレーニング内容

開始当初は「肩のストレッチ（82ページ）」、「レッグバランス（88ページ）」、「アブアイソメトリック（95ページ）」、「サイドブリッジ（98ページ）」など、森先生からいただいたメニューのなかでも、これまでやってこなかったもの（知らなかったもの）で、手軽にできそうなものから始めてみました。2週間ほどして身体が慣れてきたところで、「肩のストレッチ」の代わりに「アームリフト」を取り入れるなどして、基本メニュー（154ページ）を中心としたコースに。目標は「厚い胸板」なので、1カ月後には、「もう少しレベルの高い種目を」と森先生にお願いしたところ、「ナロープッシュアップ（105ページ）」を紹介していただきました。さらにその1カ月後には「シングルレッグプッシュアップ（103ページ）」も追加して、1回で10種目程度を行っています。多分、多めなのでしょうが、これは「同じ種目を数セットやるのなら、同じような効果がある別の種目をやりたい」という自分の希望によるもの。毎回1セットしか行わないので、20分くらいで終わります。

●効果実感

始めてからおよそ半年が経過しましたが、体型の変化としては、胸板が確かに厚くなりました。胸囲は当初の92cmから94cm（ウエストは84cmから82cm）に。数字としては大きな変化ではないかもしれませんが、鏡に映る自分の姿は確かに変わっています。いまや目標はマッチョなボディ。さらに自分を磨いていきたいと思います。

●続けるコツ

自分は筋トレをやったときはカレンダーにチェックしていて、チェックされていない日が4日も続いていると、「これではいけない」という気持ちになります。あとは**「予定していた日に筋トレをしないと夕食を食べられない」**と自分のなかでルールをつくりました。実施期間中、それで夕食を抜いたのは3回だけです（笑）。

〈森俊憲からのメッセージ〉

一見スリムな人でも、運動不足や加齢による筋肉の減少で、自然と体脂肪は増えていきます。体重は若い頃と変わらないのに、お腹が出てきたというのは、まさにこのパターンですね。Hさんからは、プログラムの途中で、「もっと負荷をあげたい」というリクエストをいただきました。筋トレで効果を得るための大事なポイントとして、徐々に負荷をあげていき、筋肉により効果的な刺激を与え続けることは欠かせません。そういう意味で、**実施メニューの負荷をよいタイミングであげていったことも成功の一因だと思います。**

CASE 03

女性でも簡単にできる手軽さにビックリ 同僚に身体を触ってもらって効果を実感

Wさん（35歳・女性・会社員［事務職］）の場合

◆身長&体重

155cm　75kg→70kg

◆基本メニュー

①タッチトゥトゥズ（92ページ）→②アブアイソメトリック（95ページ）→③ヒップリフト（100ページ）→④フライングドッグ（94ページ）

◆ペース

2セット、1回20分、週4回

◆効果

お腹まわりがすっきりして、肩コリも軽くなった

Wさんは「もともと、ややポッチャリなほうだったけれど、とくに30歳をすぎた頃から、お腹まわりを中心に贅肉がつき始めて、すっかりポッチャリになってしまい……」という体型が悩み。「体力に自信がない」ということでしたので、私のコースづくりでは、スキマ時間に手軽にできる種目を中心にピックアップ。最初のハードルを低くして、初期の効果実感を得やすいコースにしました。このコースを実施すると、ゲッソリとやせる食事制限などとは違い、健康的に全身のメリハリがアップすることを体感しつつ、体幹が鍛えられて体力アップにもつながります。

〈Wさんのコメント〉

●開始時の目標

当初の目標は、全体的にもう少しスリムになること。「糖質制限ダイエット」などの食事制限を中心に、今までいくつかのダイエットに挑戦してきましたが、思うように効果があがらず、「少しでも効果があれば」と、この筋トレに挑戦することを決めました。

●初期の感想

今回こそはしっかり続けたいと思い、自分にプレッシャーをかける意味も含めて、ヨガマットを購入。少し気合いを入れて開始しました。実際にやってみると、予想していたよりも簡単なのに少し驚きました。私は学生時代は文化部に所属していて、体育の成績がとくによかったというわけでもなく、**始める前は、「女性で体力もないし、続けられるのかなぁ」と心配でしたが、体力面の問題はまったくなかったです。**

なかでも感心したのが「アブアイソメトリック（95ページ）」。身体を一生懸命動かさなくても、筋トレになるということを初めて知りました。

●トレーニング内容

基本メニュー（158ページ）以外には、「ハンズアップスクワット（89ページ）」、「肩のストレッチ（82ページ）」、「レッグバランス（88ページ）」、「サイドブリッジ（98ページ）」などもやりました。それを2セットで週に4回が基本のペースです。

●効果実感

結果として、私は続けることができているけれど、その理由の一つとして、**折を見て、職場の同僚に身体を触ってもらい、客観的に身体の変化を教えてもらっていること**があります。1カ月くらいした頃に「お腹に筋肉がついてきたんじゃない？」といわれて、それが本当にうれしくて！　まだ、始めて3カ月ですが、この間は「背中の贅肉もなくなってきたみたい」というちょっと感動的なコメントももらいました。体重は5kg減ったし、それまでずいぶんと悩まされていた肩コリが軽くなるといった効果も感じています。

●今後の目標

今までいろいろなダイエットに挑戦してきたけれど、続けるなら、これが一番だと思っています。きちんと効果が感じられているし、食べたいものを食べてもよいから、無理がないんですよね。体力的に全然キツくないし、私の感覚としては筋トレというより、ストレッチを行っている感じです。少しずつ確実にスリムになってきているけれど、自分の体型に対しては、もっと欲張りになろうと思っています。まだ、お店で「かわいい」と思う服を見つけても、自分に合うサイズがないこともあるので、もっとお洒落を自由に楽しめる体型を目指したいと思います。

〈森俊憲からのメッセージ〉

まわりの人に気づいてもらえたというのは、なによりの効果シグナルでしたね。Wさんはとても有効なモチベーションの源を手に入れることができたと思います。また、**「静止ポーズをとるだけでも、じつは効果的な筋トレになる」ということを知った**というのも、筋トレをポジティブにとらえなおすことができる、よいきっかけだったと思います。ぜひ、もっと欲を出して、これからもがんばっていただきたいですね。

CASE 04

続けるコツは、いかに家族を巻き込むか!? 引き締まったボディラインに娘も大喜び

Aさん（42歳・男性・会社員［IT関係］）の場合

◆身長&体重

172cm　87kg→82kg

◆基本メニュー

①レッグバランス（88ページ）→②アブアイソメトリック（95ページ）→③サイドブリッジ（98ページ）→④ヒップリフト（100ページ）

◆ペース

2セット、1回20分、週3回

◆効果

全体的に身体が引き締まり、身体が軽く感じられるようになった

Aさんは小学校3年生のかわいい娘さんをもつ一児の父。「身体を絞るために、なにかできることはないか」と探していたところ、気軽にできる自宅での筋トレにいきついたそうです。

Aさんは「陸上競技などの経験もある」ということで、私が用意したコースは、「短期体感コース（122ページ）」にアレンジを加えて、ややレベルを高くしたもの。少しつらいぶん、きちんと手ごたえを感じられるような構成にしました。

「無理のない範囲で行う」というスタイルで、家族も喜ぶ体型をちゃっかり手に入れたそうです。

〈Aさんのコメント〉

●きっかけ

「デップリとしてしまった体型をなんとかしたい」と思ったのがきっかけでした。家内も肥満からくる将来の健康の悪化を気にしていたし、自分も学生時代の「筋肉質でカッコいい」といわれていた頃の姿に少しでも戻りたいと思っていました。また、それと同じくらい気になっていたのが運動不足。ただ、会社を設立したばかりなので、仕事面はここが踏ん張りどころ。森先生の筋トレなら、**「長い時間を必要とせず、自宅で手軽にできる」**ということで挑戦してみることにしました。

●トレーニング内容

学生時代の体育の成績もよかったし、運動神経は悪くはないと思っていますが、とにかく体力が不安でした。でも、実際にやってみると、意外とできたので、安心しました。右ページの「基本メニュー」以外では、「肩のストレッチ（82ページ）」や「レッグレイズ（99ページ）」、「プッシュ＆ターン（102ページ）」も実施しています。

●初期の感想

やってみて初めに思ったのは、学生時代にやった筋トレとは違う種目で、「動き自体がおもしろい」ということでした。意外にも、翌日には筋肉痛になるほどしっかり筋肉に負荷があるので、不思議な感覚がありました。それに動きとしてドタバタするものがないので、マンションに住んでいる自分にとっては、近所の迷惑にならなくてよいですね。

始めて1カ月くらいで、お腹まわりが絞れたかなと思って体重を測ってみたら、5kgも落ちていました。もともと体重の増減は大きいほうなのですが、身体も軽くなった気がして、思わず鏡の前でポーズをとってしまいました。

●続けるコツ

1カ月で目に見える効果が出てモチベーションも上がったのですが、そこに大きな仕事が入り、3週間ほど筋トレを中断せざるを得ませんでした。その後も忙しさは続き、つい筋トレを忘れてしまうことも増えてしまいました。**そこで思いついたのが「家族も巻き込むこと」**。もともと家内は筋トレに大賛成でしたたし、さらに娘にも「パパはやせるために筋トレに取り組んでいるのだよ」とアピール。忘れていると娘が「今日は筋トレは？」と聞いてくるので、それでスイッチが入ります。健康によいし、家でできることなので、筋トレに反対する人はいないでしょう。家族を巻き込んだのはよかったと思います。

３週間の中断で元に戻りかけていた体型も、筋トレを再開してからまた引き締まってきました。「もっとやってみたいな」と思い、仕事の合間の時間を活用して「職場でも身体を動かせるものを」と森先生に相談したところ、「アームリフト（86ページ）」と「レッグエクステンション（85ページ）」を紹介していただきました。生活にメリハリがついて、ますます「仕事をがんばろう」という気持ちになったし、これからも家族の期待を裏切らないように筋トレを続けていきたいと思っています。

〈森俊憲からのメッセージ〉

家族を巻き込むのは大正解だと思います。日々の運動によって、**生活そのものにもリズムが生まれ、仕事に対する気力の充実にもつながることも筋トレの大きな効用**ですが、Aさんはそれを体現してくれました。

CASE 05

初めはストレッチ中心でもOK 草野球のパフォーマンスアップに成功

Sさん（38歳・男性・自営業［出版編集］）の場合

◆身長&体重

172cm　79kg→74kg

◆基本メニュー

①アブアイソメトリック（95ページ）→②サイドブリッジ（98ページ）→③ヒップリフト（100ページ）→④フライングドッグ（94ページ）

◆ペース

1セット、1回15分、週2回

◆効果

身体が軽くなり、草野球での守備範囲が広くなった

フリーランスの出版編集者であるSさんは、学生時代から野球部に所属し、今も草野球を趣味としています。筋トレにチャレンジしようと思ったきっかけも、野球のパフォーマンスをあげたいから。

実施していただいたコースは140ページの「体幹トレーニングコース」に近く、体幹を鍛えるものが中心。筋トレの成果を、数値だけではなく、スポーツ時のフットワークの軽さやスイングの力強さ等でも測れるように意識したので、楽しく取り組んでいただけたようです。徐々に筋トレが習慣となり、「おかげさまで守備範囲が広くなった」と喜んでいます。

〈Sさんのコメント〉

●開始時の目標

友人からは「お腹が出てきたね」といわれることはありましたが、自分は体型は気にしていませんでした。ただ、野球をやっていると、とくに守備や走塁に支障が出てきていたので、「なんとかしなければ引退だ」と（笑）。**「守備ではできるだけ広い範囲を守りたいし、三塁打を打っても疲れで次の守備に影響が出ないようになりたい」**と思っていました。

●実施内容

筋トレを始めた直後に、仕事がとても忙しくなり、最初の2カ月くらいは、あまり本格的に行えませんでした。やったものといえば、「肩のストレッチ（82ページ）」や「胸のストレッチ（83ページ）」などのストレッチ系が中心。それでも寝る前にやると、筋肉がほぐれて寝つきがよくなったので、ほかの種目はもっと効果があるに違いないと確信して、仕事が落ち着いたら実行することを決めました。そして、ようやく仕事の山を越えた頃に本格的に開始（内容は右ページの「基本メニュー」を参照）。下半身を強化する「レッグバランス（88ページ）」と「ハンズアップスクワット（89ページ）」も行いました。本当はもう少しやったほうがよいのでしょうが、実施ペースは週に2回くらいです。

●効果実感

初めの頃はストレッチ系が中心でしたが、2カ月くらいで体重は5kg落ちました（その後もその体重をキープしています）。でも、当時は多忙ゆえ、食事を抜くこともあったので、その影響かもしれません。それよりも、よかったと思うのは、身体が軽く感じられるようになったこと。年々体力の衰えを感じていましたが、なんとかストップできました

〈森俊憲からのメッセージ〉

筋トレを始める際は、Sさんのようにできる範囲からで構いませんし、忙しくて時間がない場合は小間切れ（ランダム）に実施していただいてもOKです。また、得意なものから行うというのも、よいアプローチです。このように**ライフスタイルや体調と相談しながらやってみるのが、長い目で見ると「ベストながんばり方」の発見につながるはずです。**

PART 7

自分をあきらめさせない！モチベーション維持の秘策

01 筋トレの効果を最速で実感する方法

ここまで読んでみてどうでしたか。筋トレの効果や、具体的な方法はわかっていただけたと思います。ポイントは「効率的に行う」そして、「効果を実感する」ことでした。このパートでは、筋トレを続けるもう一つのポイントである「モチベーションをどうやって保つか?」について、もう少し詳しくご説明しましょう。

モチベーションを維持するには、なんといっても期待したものと実際の成果が等しくなる「成功パターン」に持ち込むのが最良の方法です。筋トレを始めて、「効果があった!」と感じられた人は、ごく自然な流れで「もっと筋トレをがんばろう」という気持ちになれます。そうすると、さらに効果が出て、ますます熱心に打ち込めます。簡単な理論ですが、この好循環が筋トレの成功パターンです。つまり、なるべく早い時期に「効果があった!」と感じることが、筋トレを継続させる原動力であり最大の鍵になります。

では、どうしたら早く効果を実感できるのでしょうか。いくつかコツがあります。

一つは、**大きな筋肉を中心に鍛えることです**。具体的には、胸（大胸筋）、お腹（腹直筋）、背中（広背筋）、お尻（大臀筋）、太もも（大腿四頭筋やハムストリング）などの筋肉がターゲットとなります。大きな筋肉を鍛えると、同じ所要時間の筋トレでも、小さな筋肉を鍛えた場合より、筋肉がトレーニングによって反応する量は多くなります。大きな筋肉が増えた場合には、身体の変化に気づきやすいですし、筋肉量の増加にともない基礎代謝量も向上するので、ボディラインが引き締まると同時に太りにくい身体にも変化していきます。なかでも、太ももからお尻にかけての筋肉は体積が大きい部位なので、それをターゲットにしたスクワット系の種目などは効果を実感しやすい代表的な種目です。

もう一つは、**自分の身体をよく観察することです**。筋トレの効果は、体重や体脂肪といった数値に変化が現れる前に、外見に現れることが多いのです。よく見ていれば、身体のラインに張りが出てきたことや、力を入れたときの筋肉の盛り上がりが変化してきたことに気づきます。そうした変化は、それがほんのわずかでも、「このまま続けていけば、確実に変わりそうな気がする」という期待感に変わります。そういった期待感を持てれば、モチベーションを維持することができます。

02 やる気がみなぎる理想のスイッチとは？

「筋トレのおかげで引き締まってきた」といった効果実感は、モチベーションを維持するために欠かせない要素。それに加え、さらにやる気に火をつけてくれるものがあるとしたら、それは他人の評価です。

私自身の経験ですが、筋トレを始めた学生時代に、通っていたジムのロッカー室で、見知らぬ年配の男性から、「君はとてもよい筋肉をしているから、筋トレをこのまま一生続けなさい」と声をかけられたことがあります。私は、このできごとによって、やる気のスイッチが入りました。「よい筋肉をしている」といわれたことで、自分が行ってきた筋トレが正しかったのだと確信できたし、「このまま続けていけば、きっと目指す身体を実現することができる」と思えたのです。それ以来、私は、**筋トレを続けるための理想の形は、自分が筋トレの効果を実感していて、それに他者からの評価が加わることだと思っています。**この二つがそろったとき、「カチッ！」とやる気のスイッチが入ります。

たとえ誰からであっても評価してもらえるのはうれしいものですが、なかでも、自分を応援してくれている人や、自分に関心を持ってくれていれる人に評価してもらうのは格別。そんな人が、あなたの身体が変化していることに気づいてくれて、「最近、ウエストまわりがすっきりしてきたんじゃない？」とか、「久しぶりに会ったら体型が変わって若返ったみたいだね」などといってくれたら、がぜんやる気になれるはずです。職場の同僚でも、学生時代の友人でも、恋人でもよいでしょう。

もっとも、周囲の人があなたの体型の変化に気づくとしたら、それはかなり効果が現れてからです。それ以前の段階では、なかなか気づいてもらえません。そこで、自分から筋トレを行っていることをアピールしてみてはいかがでしょうか。なかでも、家族を巻き込むのはよいパターンです。一番身近な存在である奥さんや旦那さん、お子さんの言葉はなによりの励みになるものですし、そのための時間を気にしてくれたり、食事もちょっとカロリーを意識してくれたりと心強い協力者になってくれるでしょう。

今や世の中は健康ブーム。体型づくりのための筋トレに対して、反対する人はいないはず。がんばっていることを隠す必要はありません。

03 あきらめそうになっている自分を分析しよう

ものごとには、表と裏があります。もし、「筋トレを始めてみたけれど、これは続けられないかもしれない」と思っているとしたら、やる気を出す方法を考えてみるのと同時に、やる気をなくさせているものについて意識してみるとよいでしょう。

私は以前、こんな相談を受けたことがあります。

「始める際にヨガマットを購入したのだけれど、適当なしまい場所がなく、結局、祖父母の寝室の押入れの奥にしまうことにしました。自分は夜に筋トレを行っているのですが、やろうと思ったときに祖父母が寝ていると、ヨガマットを取りにいけません。それで、筋トレをできない日が続いてしまっているのですが、どうすればよいのでしょうか？」。

この答えはとてもシンプル。ヨガマットは必ずしも必要ではないので、ヨガマットを使わないで行えばよいだけです。また、それとは反対に「リビングで実施するときに、フローリングと接するヒザやヒジが痛くなって途中でやめてしまう」という人もいましたが、

「床が硬くて、背中や腰が痛い」のなら、布団のうえで行っても構わないでしょう。簡単なことのようですが、「筋トレは必ずこうしなければいけない」という形にとらわれていると、その解決策に気づけないことも多くあります。もっと柔軟に考えましょう。

大切なのは、まずは筋トレの実施を妨げているものを冷静に分析し、次に客観的にその解決策を考えるという発想です。少しでも不安な要素があるのであれば、早い段階でそれを取り除いておいたほうが、結果的に筋トレが長続きすることになります。

たとえば「そんな時間があるのなら、子どもの面倒をみなければいけない」というのであれば、パート6で紹介したAさん（162ページ）のように、奥さんや子どもと一緒に、あるいは巻き込んでやることも考えてみること。また、「いつも寝る前にやっていたのだけど、夏になると汗だくになって嫌だ」というのであれば、夏場だけお風呂に入る前にやればよいことですし、反対に「筋トレをやる部屋が寒くて、その部屋に行きたくない」というのなら、最初はエアコンをつけておき、暑く感じるようになったらエアコンを切るようにすると問題は解決します。「自分が気持ちよく筋トレができるような環境づくりをすること」。これが筋トレを続ける秘訣でもあります。

04 時間がない人ほど筋トレを続けるのがうまい

「急に飲み会に誘われて……」、「仕事が忙しくなって、ここのところ帰りが遅くて……」、「週末は家族サービスをしなければいけないから……」。どれもよくあるケースです。そして、その言葉に続くのが「時間がないから筋トレができない」というセリフ。確かに筋トレを行うには時間が必要ですが、単純に「時間がない」という理由で筋トレをあきらめてしまうのは、あまりにももったいない話です。時間がないからこそ、手間がかからず、好きなタイミングでできる「自宅での筋トレ」がよいのであり、私のまわりには、仕事もプライベートも忙しいけれど、上手に筋トレを続けているという人はたくさんいます。むしろ、デキる人ほど筋トレをしっかり続けているといってもよいくらい。なにごとも効率よく行っているのでしょう。では、時間がないなかで筋トレを続け、しっかりと効果を出していくためには、どうしたらよいのでしょうか。

短い時間を効率よく使うポイントは二つあります。一つは、**時間がないときのために短**

時間でも行えるコースを自分のレパートリーとして、持っておくことです。普段は6種目行っているのなら、時間がないときは3種目にするといった具合です。種目を絞り込む際のポイントは、胸や背中、太ももなどの大きな筋肉を対象としていて、全身をバランスよく鍛えるものを選ぶこと。パート4（75ページ）で紹介しているものは、どれもそのように効果の高い筋トレですが、なかでも「アブアイソメトリック（95ページ～）」や「レッグバランス（88ページ）」などが短時間コースに向いています。もちろん、「普段行っているものから選ぶ」のでもよく、その場合は「少しキツいな」と思っているものをピックアップするとよいでしょう。

二つめのポイントは、**トレーニング間のインターバルを短くすることです。**行っている種目の強度にもよりますが、基本的に種目間やセット間のインターバルは、30～90秒とれば十分なもの。インターバルをできるだけ短くするだけで、同じ内容のトレーニングを短時間で行えるようになります。また、インターバルを短くして筋肉の疲労が完全に回復する前に次のセットを行うことは、より効果的に筋肉を刺激できるということがあり、筋トレの効率を高めることにもつながります。

05 サボったら「リフレッシュ期間」と考える

筋トレで理想の体型を目指すことは、そもそも、とてもポジティブな行動です。そこにネガティブな感情はふさわしくありません。少しくらいつらくても、「続ければ明るい未来が待っている」とポジティブシンキングで乗り切りましょう。

たとえば、「定期的に継続してトレーニングしてきたのに、ぽっかりと筋トレをしていない空白の期間ができてしまった……」というのも、よくある話。「旅行していた」、「体調をくずしていた」、「仕事が忙しかった」、「飲み会が続いた」など、さまざまな理由で、筋トレの空白期間は生じてしまいます。

そんなとき、「ああ、もうだめだ……」と考えてしまう人がいます。「休んでいる間に筋肉が落ちてしまったに違いない」と思うでしょうし、「あんなに努力したのに、無駄になってしまった」と気分も落ち込みます。やる気が萎えてしまっているのです。そんなときには、たいてい自分に対して、筋トレをしない言い訳を考え始めます。

「久しぶりだから、もう、いつものメニューはできないな」、「中途半端に今やるより、時間があるときにたっぷりやって、ブランクを一気に取り戻したほうがよい」。そんな言い訳をして、トレーニングの再開を後回しにしてしまうのです。こうして空白期間が1日1日と長くなるにつれて、自己嫌悪感もどんどん大きくなっていきます。こうなると、モチベーションはますます低下し、そのまま筋トレをやめることにもなりかねません。

このような事態を避けるために大切なのも、やはりポジティブシンキング。発想としては**「マイナスぶんを取り戻そう」とするのではなく、動いたぶんだけ「プラスになる」と思うようにすること**。内容も、以前の3～5割程度からで十分です。もし、以前と同じように行おうとして、それまで10回できていたものが5回になっていても、「5回しかできなかった」と思うのではなく、「休んでいたのに5回もできた」と考えましょう。

また、**それまでの種目にこだわる必要もなく、やったことのない種目にチャレンジするのもおすすめ**。そうすると新鮮な気持ちで、前向きに取り組めるようになります。

いずれにせよ、多少の空白期間があっても、すぐに筋肉がなくなってしまうわけではないので、気にする必要はありません。「軽いリフレッシュ期間だ」と思えばよいのです。

06 ビールやケーキもOK！　達成感を演出せよ

「筋トレを続けよう」という気持ちが途切れそうになることは誰にでもあります。そんなときは、「馬の目の前にニンジン」ではありませんが、がんばった自分にご褒美をあげるようにすると、「よし、今日の筋トレもがんばるぞ」と自分のやる気スイッチを入れることができます。**「筋トレ後はやき鳥をつまみに缶ビール（350㎖）を1本飲む！」とか「我慢していたスイーツをご褒美に！」**というように、日ごろ後ろめたいと思っているものを解放するくらいのほうがやる気が出るものです。私がすすめる筋トレは食事を我慢しなくてよく、このくらいは問題なし。「筋トレはつらい」という心理的なハードルを乗り越えることができるので、思い切って「達成感」を演出していきましょう。

そもそも筋トレは、はっきりと効果が現れるまでに多少の時間がかかるもの。最終的に理想の体型を手に入れたときには大きな達成感を得られますが、そこだけを見ていると、漠然と筋トレをすることになり、「やっぱり筋トレはつまらない」となってしまいがちです。そこで、最終的に到達したい大きな目標をかかげるだけではなく、その過程を細かなステップにわけ、すぐに達成感を得られる目標を随時かかげておくというわけです。

とはいえ、「ご褒美なんて子どもだましには惑わされない」という人もいるでしょう。それなら、こういう考え方はどうでしょうか。私はよく、「筋トレで理想の体型を手に入れること」を「大きなビジネスプロジェクト」にたとえます。大きなビジネスプロジェクトを任されたなら、「なんとなくやってみよう」というわけにはいきません。全体のプロセスを見通して、1カ月、1週間、1日と細かく区切ることによって、初めて大きな成功を味わうことができるものです。筋トレもこれと同じ。細かいステップにわけることが、大きな目標の達成につながります。しかも、そうすることで達成感というご褒美を手に入れることができるようになるのです。たとえば、3カ月後に「お腹を凹ませたい」と思ったら、1週間後に「ちょっとお腹が引き締まってきた感覚を味わうこと」を目標にすること。そうすると、小さな目標に到達するたびに達成感を得られるわけです。「なりたい自分」を目指すことは大切ですが、その前に一歩ずつ「なれる自分」になる喜びをご褒美としてたっぷり味わってください。

07 筋トレタイムはアラームを鳴らせ

私がインターネットを通じて指導している会員の皆さまには、筋トレの実施予定日にメールをお届けする「リマインドメール」というサービスやスケジュール管理ができる「カレンダー機能」も用意しています。おかげさまで、これが好評。忙しいと「つい、筋トレを忘れてしまって……」ということはよくあることで、これが続くと「やらない日が続いたから、もう筋トレはあきらめよう」ということになりかねません。そこで、皆さまも、**パソコンや携帯電話のアラームを筋トレの実施予定日に合わせて設定してみてはいかがでしょうか**。「アラームが鳴ったら筋トレの時間」と自分のルールを決めるわけです。

同様に筋トレを忘れるのを防ぐために、**実施予定日と実施日の印を自宅のカレンダーにつけるという方法もあります**。できれば、同居している家族にも一目でわかるように、大きくはっきりとチェックするのがベスト。この方法には、実施日のチェックが日々の達成感を後押ししてくれるというメリットもあります。

PART 8

普段の生活にひと工夫！
かんたん体脂肪燃焼術

01 階段を見たらチャンスと思え！ 普段の生活で体脂肪の燃焼効率をアップ

筋トレによって筋肉がつくと、基礎代謝量（68ページ）が増えて、体脂肪が燃焼しやすい身体になります。さらに、普段の生活にちょっとした運動を加えると、効率よく理想の体型を手に入れる近道になります。たとえば、エスカレーターやエレベーターを使わないで、階段を利用するだけでも効果的に運動量を増やすことができます。階段を見たら、私は「トレーニングのチャンス」と思うくらい。一つの行動は大きなエネルギーの消費にはならないかもしれませんが、ちょっとした運動の積み重ねが理想の体型へとつながります。

とくに、「忙しくて、筋トレのためのまとまった時間がとれない」という人には、こうした工夫を積極的に取り入れるとよいでしょう。**筋トレと同じように、動いたら、動いたぶんだけ、確実に身体は変わっていきます**。「階段を積極的に利用する」以外にも、日常生活には、次のような身体を動かす機会が考えられます。

●自宅や職場、訪問先の最寄りの駅よりひと駅手前におりて、歩く距離を増やす

- 同僚への連絡はメールや内線を使わないで、歩いて、直接、用件を伝える
- 通勤電車では席があいていても立つ
- 自動車通勤をやめて自転車通勤にする
- 犬の散歩コースを長めにする
- 近くのスーパーやコンビニへの買い物は自転車を使わずに歩く
- 子どもと部屋ではなくて、公園などの屋外で遊ぶ
- 重い荷物を率先して持つ

とくに忙しい人は、歩く距離を増やすことを「時間の無駄」と思うかもしれません。そんな人におすすめなのが「大股速歩」。ワンツースリーのリズムでテンポをあげて早歩きをして、そのスリーにあたる3歩目を大きく踏み出すのです。自然とリズムが出てストライドが伸び、歩くペースも早くなるので、やってみるとすぐに身体が熱くなってきます。これならば、いつもの移動距離を維持しつつ、体脂肪を燃焼することができます。

身体を動かすことは気分転換にもなりますし、せっかく筋トレを始めたならば、このような「スキマ運動」も取り入れて、理想の体型にどんどん近づいていきましょう。

02 会社で気づかれずに筋トレをする技術

「集中して筋トレを行う時間がたりない」という人は、**ちょっとした運動チャンスを見つけて、筋トレを日常生活に組み込みましょう。**たとえば、座ったまま行える「アームリフト（86ページ）」は職場の昼休みにもできますし、立って行う「ニートゥエルボー（91ページ）」ならコピーをとっているときにも行えます。自宅では「寝る前に1種目だけ行う」というのも、筋トレを習慣づけるという意味で、とてもよい考え方です。ただ、「オフィスで運動するのは恥ずかしい」と思う人もいるでしょう。そんな人におすすめなのが、反動をつけずに正しく体幹を使って、イスから立ち上がる方法。これなら、まわりに気づかれずにちゃっかりトレーニングをしていることになります。また、イスに座りながら、足を宙に浮かせておく方法もあります。デスクワーク中はもちろん、長引く会議中にやると、リフレッシュにもなります。さらに、電車での移動中もチャンス。よくあるのはカカトをあげて立つことですが、座る場合も足を浮かせて筋肉を鍛えましょう。

スッとイスから立ちあがる

イスから立ちあがるときも、足の力だけで立つように意識すると、一つの運動になる。

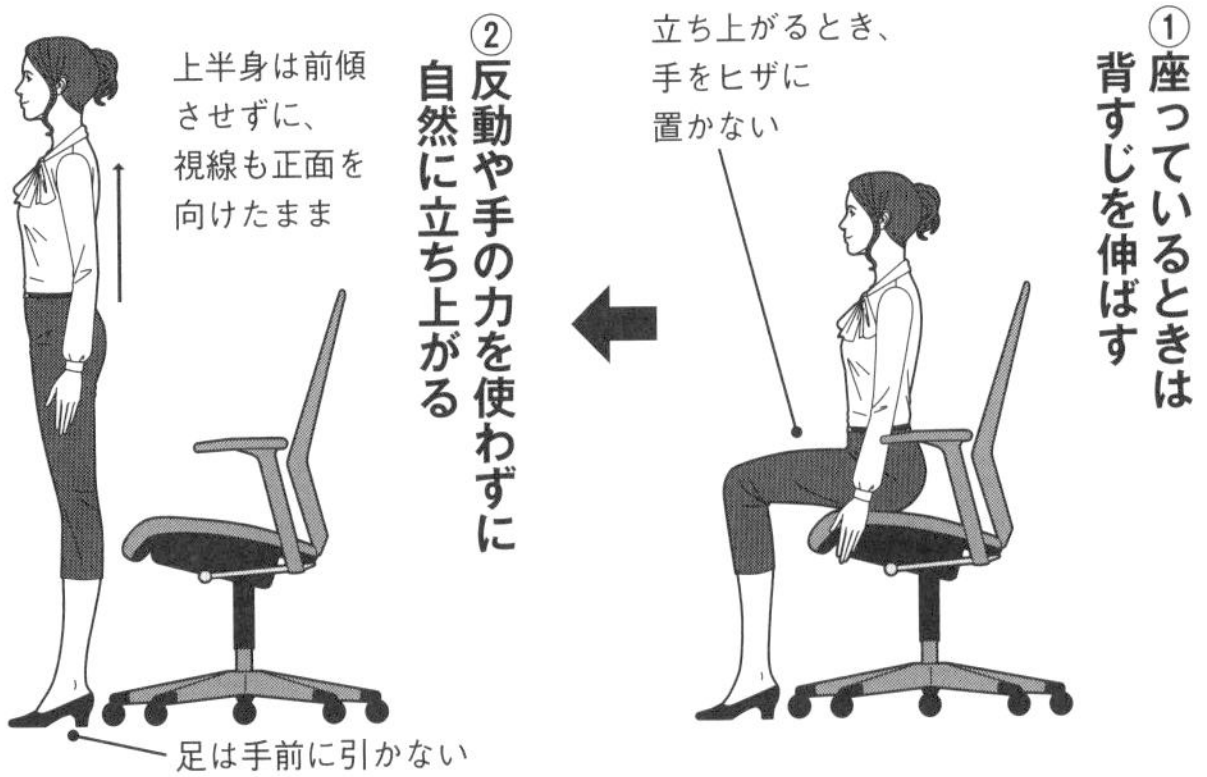
①座っているときは背すじを伸ばす
立ち上がるとき、
手をヒザに
置かない
②反動や手の力を使わずに自然に立ち上がる
上半身は前傾
させずに、
視線も正面を
向けたまま
足は手前に引かない

座って足を浮かせる

座っているときも運動チャンス。足を浮かせると腹筋と太ももを鍛えられる。

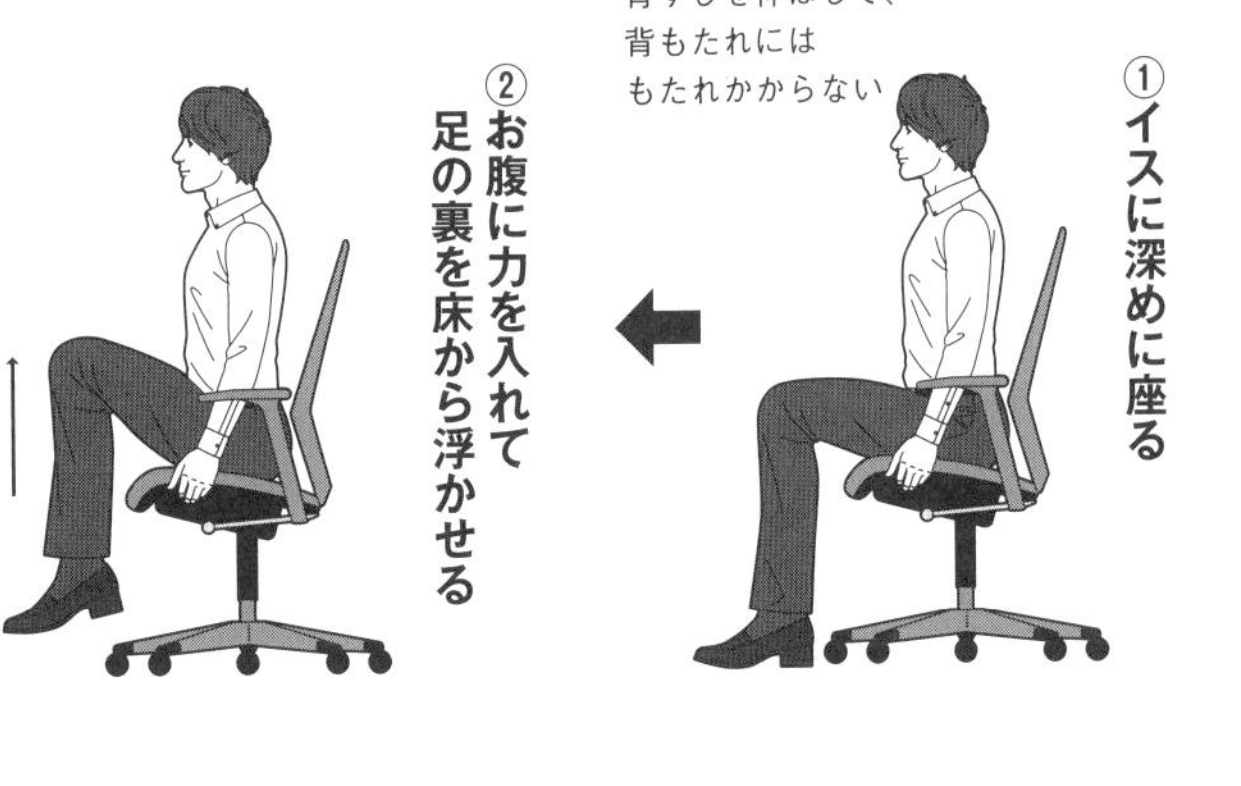
①イスに深めに座る
背すじを伸ばして、
背もたれには
もたれかからない
②お腹に力を入れて足の裏を床から浮かせる

03 最高のご近所筋トレツール「鉄棒」

日常生活に関係するもので、私がおすすめしたい筋トレ用のツールがあります。それは鉄棒です。「鉄棒なんて自宅にない」という人も、近くの公園ならばどうでしょうか。

鉄棒が設置されている公園は少なくないので、機会があれば、あらためて探してみてください。

そして、鉄棒を見つけたら、ぜひ懸垂を。懸垂は背中（広背筋や僧帽筋）や腕だけでなく、腹筋も鍛えられる全身運動であり、効率のよい優れた筋トレです。私も、毎回の筋トレに懸垂は必ず入れています。

たとえば、お子さんと公園で遊ぶときに、ちょっと鉄棒で懸垂をやってみてください。「懸垂なんて簡単」、「学生時代は何回もできた」という人でも、今はできなくなっているかもしれません。懸垂の成人男性の目標回数は5〜10回。もちろん、キツければもっと少ない回数から始めても構いません。私がおすすめする懸垂のやり方はスタンダードな方法。

皆さんも学生時代の体力測定などでやったことがあるでしょう。手順は、「①鉄棒を順手で（握ったときに手の甲が上にくるように）握り、腕を伸ばしてぶらさがる→②反動をつけずに身体を引きあげる→③鉄棒にアゴをつける」です。腕を曲げた状態から始めたり、反動をつければできるという人も、このやり方だと1回もできないという人も多いと思います。できなければ、トレーニング用のチューブを補助として使う方法があり、チューブがない人は斜め懸垂運動から始めるとよいでしょう（斜め懸垂運動の目安は10～15回）。

懸垂運動

鉄棒を見つけたら、ぜひ懸垂を。キツければチューブを利用したり、斜め懸垂から始めよう

両足のカカトを地面につけて行う斜め懸垂は女性にもおすすめ

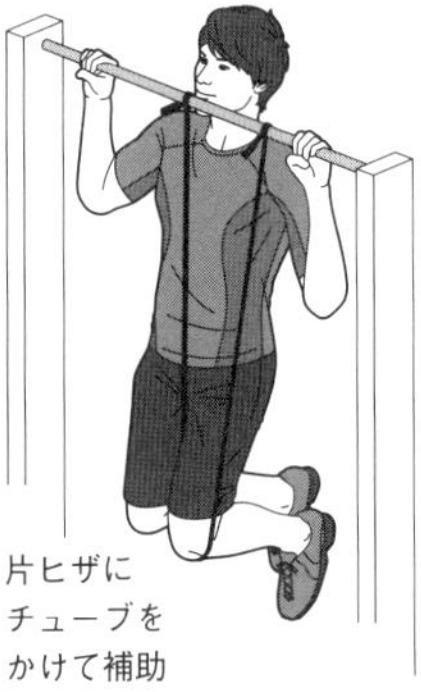

片ヒザにチューブをかけて補助

おわりに

皆さん、筋トレを続ける技術はご理解いただけたでしょうか。

「なんとなく、やれそうな気がしてきた」という感想をもっていただけたら、それこそが正解です。今のその想いを大切にしてみてください。その期待感は必ず現実のものにできます。

でも、リキみすぎには要注意。私の経験では、最初に「めいっぱい、がんばります！」と張り切ってしまう人ほど筋トレは続かないと感じています。そういう人は「初めから無理をして、必要以上にがんばってしまう」から続かないのです。あくまでも、心身ともに負担にならないマイペースで取り組むことが肝心です。私だって、「今日はテレビを観ながらゴロゴロしていたいな」と筋トレが面倒になることもあります。でも、筋トレを続けることで得られるメリットのほうが、くらべものにならないほど大きいことが体験的にわかっているから、楽しみながら続けられているのです。

筋トレはやったぶんだけ、その反作用としての見返りが得られます。そして、本来の意義は、瞬間的な成果ではなく、ずっと続けることにあります。だからこそ、正しいやり方で持続可能なペースを知ることがなによりも大事なのです。そういう意味では、筋トレとは「生き方」といってもよいかもしれません。筋トレを日々の生活にうまく組み込んでいくことが、健康的でメリハリのある生活リズムを生むとともに、身体そのもののスタイルをカッコよく変貌させてくれるのです。それはやがて確固たる自信につながります。人生で成功を収めるためには、自己像の強化も大切なファクターになりますが、筋トレで理想の体型を手に入れることで、簡単に自信を手に入れることができるのです。これは、ビジネスでも、恋愛などのプライベートでも、きっと皆さんの人生に役立つことでしょう。

本書をきっかけに「筋トレを始めよう」と思ってくださったのであれば、ぜひそのモチベーションの種を大事に育ててみてください。きっと皆さんのこれまでの「筋トレはつらいもの」というイメージから大きな楽しみに変わっていくことでしょう。

筋トレをやることに、マイナス要素はありません。本書が皆さまの筋トレを続けるヒントになれば、これほどうれしいことはありません。

森 俊憲

■著者

森 俊憲（もり としのり）

ボディデザイナー。株式会社ボディクエスト代表取締役。自らの実体験に基づいた独自のフィットネスメソッド「ボディデザインプログラム」を開発。これまでに6,000名以上へのカウンセリングやパーソナルトレーニング指導を行い、オンライン支援サービスには国内はもとより海外在住の顧客も多数。その斬新なアプローチは能力開発分野でも評価され、企業の人材教育や自己啓発プログラムなどにも採用される。各種メディアでの企画監修や講演・セミナーなどでも活躍中。Webサイト『All About』の「筋肉トレーニング」オフィシャルガイド。著書に『読む筋トレ』（扶桑社）、『30代からはじめる「タフな体」のつくり方』（三笠書房）、『DVDつき　へやトレ』、『筋トレセラピー』（主婦の友社）、『人生を変える筋トレ』（洋泉社）などがある。

■STAFF

[執筆協力]水城昭彦　[デザイン]BUENO design　[イラスト]内山弘隆

[DTP]オノ・エーワン　[編集・制作]編集工房水夢（小林英史）

「筋トレを続ける技術」

自宅で気軽に体脂肪燃焼！

●協定により検印省略

著　者　　森　俊憲

発行者　　池田　豊

印刷所　　有限会社精文社

製本所　　株式会社難波製本

発行所　　株式会社池田書店

〒162-0851　東京都新宿区弁天町43番地

電話03-3267-6821（代）／振替00120-9-60072

ISBN978-4-262-16399-4

1401106